LAS INQUIETUDES DE SHANTI ANDÍA

EASY READERS · LECTURAS FACILES
ER

EDICIÓN SIMPLIFICADA PARA
USO ESCOLAR Y AUTOESTUDIO

Esta edición, cuyo vocabulario se ha elegido entre las palabras españolas más usadas (según CENTRALA ORDFÖRRÅDET I SPANSKAN de Gorosch, Pontoppidan-Sjövall y el VOCABULARIO BÁSICO de Arias, Pallares, Alegre), ha sido resumida y simplificada para satisfacer las necesidades de los estudiantes de español con unos conocimientos un poco avanzados del idioma.
El vocabulario ha sido seleccionado también de los libros de texto escolares "Línea", "Encuentros" y "Puente", comparado con "Camino" y "Un nivel umbral" del Consejo de Europa.

Editora: Ulla Malmmose

EDICIÓN A CARGO DE:
José Ma. Alegre Peyrón, Dinamarca

Ilustraciones: Oskar Jørgensen

ISBN Dinamarca 978-87-23-90452-2
www.easyreader.dk

Easy Readers EGMONT

Impreso en Dinamarca por
Sangill Grafisk Produktion, Holme-Olstrup

PÍO BAROJA
(1872–1956)

Nació en San Sebastián en 1872 y murió en Madrid en 1956. Estudió medicina y la ejerció durante breve tiempo en un pueblo del norte de España. Pronto abandonó la práctica de la medicina para trasladarse a Madrid donde se dedicó de lleno a la literatura.

Baroja es el hombre típico de la *Generación del 98* y concretamente su *novelista*, con una personalidad ruda, pero sincera, y un espíritu individualista de carácter caprichoso. Es un anarquista algo inocente, un rebelde – en el fondo algo burgués – que al ver la sociedad actual regida por leyes injustas e inmorales y por convencionalismos hipócritas, quisiera destruirla desde sus cimientos, aunque no nos dice, ni le interesa, cómo habría que reconstruirla de nuevo. Es demasiado escéptico para creer en el hombre en el que sólo ve egoísmo y cobardía. En realidad, Baroja es un idealista de fina sensibilidad moral.

Su condición andariega le llevó a viajar constantemente por España y por Europa – París, varias veces; Países Bajos, Dinamarca, Suiza, Londres, Roma, Nápoles –, y las experiencias de estos viajes – ambientes y tipos – las vemos reflejadas en muchas de sus novelas. Escritor de asombrosa fecundidad, Baroja dedicó varias novelas a la vida del mar; el tema le atraía. Sentía la llamada imperiosa y la nostalgia del mar. En estas obras hay mucho de autobiográfico; recuerdos de la infancia. En un estilo sencillo y directo, logra magníficos cuadros llenos de color y belleza plástica, recreándose con cariño en las descripciones del paisaje y de los personajes. Entre las novelas del mar, *Las inquietudes de Shanti Andía* es la mejor, la primera sin ninguna duda, en la que nos describe los viajes por mar de Shanti Andía, y su vida en un pueblecito de pescadores, Lúzaro, en la costa del norte de España. En la infancia del héroe hay mucho de la infancia del autor.

INFANCIA

Tengo que hablar de mí mismo; en unas memorias es inevitable.

Soy *patriota* a mi modo. No conozco la historia de España; pero a pesar de no conocer nada o casi nada la historia de mi país, cuando después de un largo viaje he visto desde lejos la *costa* de España, he sentido siempre una gran impresión.

El recuerdo de la patria, y sobre todo de Lúzaro, de este lugar de la costa vasca donde he nacido y donde vivo, está siempre presente en mi espíritu.

Lúzaro me gusta; pero el haber nacido en él, y el que mi familia haya vivido aquí muchos años, no creo sea motivo para sentirse superior a los demás.

Se comprende mi cariño por Lúzaro; soy de aquí, y de aquí es toda mi familia. Además mi vida se puede *clasificar* en dos *periodos*: uno el pasado en Lúzaro, en el cual me han ocurrido los hechos más importantes y felices de mi vida; otro, el del mar, en que no me ha sucedido nada, por lo menos nada bueno.

Mi familia ha sido de Lúzaro, y ha sido de *marinos*. Sobre todo por parte de mi madre, por los de Aguirre.

---

infancia, estado de niño. Los primeros años de la vida de una persona.
patriota, persona que tiene amor a su país.
costa, tierra que está junto al mar.
clasificar, poner en orden varias cosas según la clase de las mismas.
periodo, cierto tiempo o número de años.
marino, hombre que forma parte del personal que dirige un barco.

Mi padre, Damián de Andía, fue también *capitán* de *barco*. Murió en el mar, en el *Canal de la Mancha*.

A pesar de que yo era muy niño, recuerdo bastante bien a mi padre. Tenía la cara expresiva, los ojos grises. Debía ser una persona parecida a mí; pero sin duda no sería tan triste como yo. Sentía una gran estimación por las gentes del Norte con quienes había convivido; era muy *liberal* y se reía de las mujeres.

barco

Cuando mi padre llegaba a Lúzaro se reunía con otros capitanes, marineros y *pescadores*, y hablaba con ellos, y algunas veces cantaba y gritaba, en su compañía, por las calles.

Todos los que le conocieron me han asegurado que era un hombre de gran corazón. He sentido siempre una gran pena por no haberle llegado a conocer. Hubiéramos sido buenos amigos.

Mi abuela, doña Celestina de Aguirre, no quería a mi padre; después de pasados muchos años le he oído hablar en contra de él.

Mi madre y yo vivíamos en una casa grande, a un cuarto de hora del pueblo. El sitio era alto, claro y abierto.

---

capitán, persona que manda y dirige en el barco.
Canal de la Mancha, el mar que separa a Francia de Inglaterra.
liberal, persona que ama la libertad, o que siempre da lo que tiene.
pescador, persona que coge animales que viven en el agua.

La casa tenía muchos *balcones*. Desde allí dominábamos toda la ciudad, el *puerto* y el mar. Veíamos a lo lejos los barcos cuando entraban y salían.

En el *mirador* central de esta casita nuestra pasé los primeros años de mi infancia.

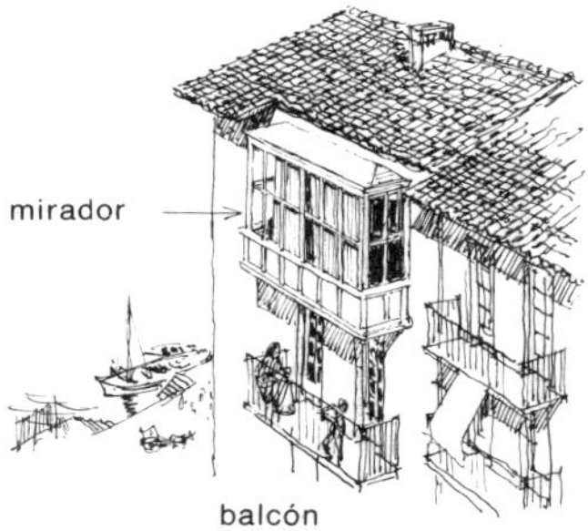

En la casa vivíamos tres personas: mi madre y yo, y una vieja a quien llamábamos la Iñure. Me parece que estoy viendo a esta vieja. Era *delgada*, la boca sin dientes, los ojos pequeños y vivos. Vestía siempre de negro.

No creo que la Iñure llegase a decir dos palabras seguidas en castellano; pero sin embargo se expresaba en vascuence con gran *rapidez*.

Mi madre se pasaba casi todo el día con mi abuela; pero no quería ir a vivir con ella, conociendo el carácter dominador de doña Celestina.

La casa de mi abuela se llamaba Aguirreche, en vascuence Casa de Aguirre, y era y sigue siendo de las mejores del pueblo.

---

puerto, lugar en la costa, dispuesto para seguridad de los barcos.
delgado, lo contrario de gordo. Persona con poca carne en el cuerpo.
rapidez, sustantivo de rápido.

Tenía el aspecto de una casa antigua de piedra del país vasco; el color negro, muchos balcones muy separados y encima unas ventanas pequeñas.

La casa se hallaba situada entre casitas negras, en la parte más baja de Lúzaro.

En aquella época en que vivía mi abuela, solía verse Aguirreche casi siempre cerrada. La casa de mi abuela tenía muchos cuartos con puertas que nunca se abrían. Estos cuartos estaban *vacíos*.

Tardé bastante tiempo en ir a la escuela porque *padecí* durante mucho tiempo una enfermedad muy larga y dolorosa, y el médico dijo a mi madre que no me llevara a la escuela. Mi infancia fue muy triste. Tenía, para divertirme, unos *juguetes* viejos que habían pertenecido a mi madre y a mi tío. Estos juguetes que pasan de padres a hijos tienen un aspecto muy triste.

Mi tía Úrsula, hermana mayor de mi madre, comenzó a enseñarme a leer.

Cuando mi tía Úrsula llegaba a casa, solía sentarse en una sillita baja, y allí me contaba muchas historias y *aventuras*.

En Aguirreche, en su cuarto, la tía Úrsula guardaba gran cantidad de libros. Sabía más que la *generalidad* de las muje-

---

vacío, contrario de lleno.
padecer, sufrir.
juguete, objeto con el que juega el niño.
aventura, cosa que ha sucedido o ha de suceder.
generalidad, la mayor parte.

res, y, sobre todo, que las mujeres del país. Ella me explicó cómo iban los vascos, en otra época, a la *pesca* de la *ballena* en los mares del Norte; cómo descubrieron muchos lugares de pesca, entre ellos el de Terranova, y cómo aún, en el siglo pasado, en Vizcaya y en Guipúzcoa, en Orio, Pasajes, Aguinaga y Guernica, se hacían grandes barcos.

Me habló de los marinos y capitanes vascos: de Elcano, dando la vuelta al mundo; de Oquendo, de Blas de Lezo, de Churruca, de Echaide, de Recalde y Gaztañeta.

En esta época de mi infancia, yo no conocía más chicos de mi edad que unos primos. Estos chicos vivían en Madrid y venían a Lúzaro durante el verano.

Cuando estaban ellos en casa de mi abuela, íbamos juntos a visitar a la familia que solía darnos muchas cosas buenas.

Mis primos me contaban muchas historias de Madrid; pero la verdad, esto no me llamaba la atención. Lo que me gustaba era el mar. Miraba a los chicos del puerto. Me hubiera gustado ser hijo de pescador para correr y jugar en el agua.

Mi tía Úrsula, además de su *biblioteca*, formada de libros

---

pesca, acción de pescar.
biblioteca, ver ilustración en página 10.

biblioteca

de aventuras marítimas, tenía otro fondo de donde ir sacando las historias que a mí tanto me gustaban.

En la sala de Aguirreche, en el *arca*, se guardaba, entre otras cosas viejas, un libro titulado: la «Historia de la familia Aguirre».

Casi todos los *miembros* de la familia de este nombre habían sido marinos y viajeros.

arca

La «Historia de la familia Aguirre» era un libro de aventuras marítimas y terrestres. La mayoría eran breves.

Mi tía Úrsula me leía alguna de estas historias pero yo no me enteraba de su sentido. La que más me gustaba era la historia de Domingo de Aguirre que estuvo en América, en el siglo XVI, con Gonzalo Jiménez de Quesada.

Cuando comencé a escribir, mi tía Úrsula me *dictaba* párrafos del gran libro de la familia.

Yo aprendí a leer y a escribir con todas estas aventuras de la familia. Cosa extraña: casi siempre había algún Aguirre *aventurero*, cuyo fin se ignoraba.

Una impresión de la infancia que me causó gran efecto fue el *funeral* de mi tío Juan de Aguirre.

---

miembro, aquí: cada una de las personas que forman la familia.
dictar, decir uno algo para que otro lo vaya escribiendo.
aventurero, persona que vive irregularmente, o que se gana la vida con medios irregulares.
funeral, acto que se celebra en la iglesia en memoria de las personas muertas.

Durante mucho tiempo fue un *misterio* el *paradero* del hermano mayor de mi madre, hasta que se supo que había muerto.

Nadie de la familia quería hablar de mi tío Juan.

Nuestra criada la Iñure me aseguró que el tío Juan no había muerto.

– ¿Pues dónde está? – le pregunté yo.

– Está lejos de aquí.

– ¿Y por qué no viene?

– No puede venir.

– Pero ¿por qué?

Al último, y después de grandes advertencias para que no dijera nada a mi madre, la Iñure me contó que mi tío Juan se había hecho *pirata*, que le habían llevado a un *presidio*, donde estaba *preso*. Por eso, aunque vivía, no podía venir a Lúzaro.

Por esta época se celebró su funeral en Lúzaro. Parece ser que mi abuela recibió desde un pueblo de Irlanda una carta en la que le decían que Juan de Aguirre había muerto.

Pero ¿era verdad? La Iñure aseguró que no.

Recuerdo muy bien el día del funeral. Mi madre me despertó muy temprano por la mañana; ella estaba ya

---

misterio, hecho o circunstancia de no poder ser conocidos: el objeto, el motivo, la naturaleza, etc.
paradero, sitio donde está o donde vive alguien.
pirata, persona que roba los barcos en el mar.
presidio, lugar, establecimiento donde se encierra a las personas que han hecho actos contra la ley, para quitarles la libertad.
preso, aquí: persona a la que se le ha quitado la libertad y está encerrada en un presidio.

vestida de negro; yo me vestí rápidamente, y salimos los dos al camino con la Iñure.

Era una mañana de otoño. Llegamos a Aguirreche; estuvimos un momento y después, mi abuela, la tía Úrsula y mi madre, vestidas de negro, y yo con la Iñure, nos dirigimos a la iglesia.

Poco a poco fueron entrando mujeres vestidas de negro.

Los *cirios* en el *altar* mayor comenzaron a *arder*.

Comenzó a sonar una *campana;* la gente fue entrando, primero poco a poco, luego de golpe.

La iglesia se llenó de familiares y de amigos de mi tío Juan, y comenzó el funeral.

Yo estaba asustado; ya sabía que en el *túmulo* no había nadie; pero me parecía que allí dentro debía de estar mi tío Juan.

De cuando en cuando sonaba el *órgano*. Yo miraba por todas partes, a pesar de que la vieja Iñure me pedía que estuviera más tranquilo.

Después, el cura se volvió hacia los fieles y rezó por el tío Juan y por todos los muertos en el mar.

Entonces los lloros aumentaron.

Al salir de la iglesia, la Iñure y yo nos quedamos a la puerta. Todas las mujeres, con sus vestidos negros, cruzaron por delante de nosotros hacia la casa de la abuela y tras ellas fueron saliendo los señores y los marineros y la gente pescadora, con las manos metidas en los bolsillos del pantalón.

Por la noche, la Iñure me aseguró de nuevo que mi tío

---

arder, estar encendido.

cirio, *altar*, *campana*, *túmulo*, *órgano*, ver ilustración en páginas 14 y 15.

órgano
túmulo

campana
cirio
altar

Juan no había muerto. Yo le tenía que ver, tarde o temprano.

Estaba seguro de que un día vería a un señor con el aspecto de marino de los libros de mi tía Úrsula. Hablaría con aquel señor y resultaría ser mi tío Juan.

Preguntas

1. ¿Quién es Shanti Andía? ¿Cómo es?
2. ¿Qué representa Lúzaro en la vida de Shanti?
3. ¿Dónde transcurrió la infancia de Shanti?
4. ¿Cómo era la familia de Shanti?
5. ¿Qué recuerdos guarda Shanti de su padre Damián?
6. ¿Cómo era el padre de Shanti?
7. ¿Dónde estaba situada la casa de Shanti?
8. Describa la casa de la abuela de Shanti.
9. ¿Quién era la Iñure? ¿Cómo era?
10. ¿Cómo era la madre de Shanti?
11. ¿Por qué no quería vivir la madre de Shanti con doña Celestina?
12. ¿Qué recuerdos guarda Shanti de su tía Úrsula?
13. ¿Qué clase de libros había en la biblioteca de su tía Úrsula?
14. Describa lo que hizo Shanti el día del funeral de su tío Juan de Aguirre.
15. ¿Qué sabía la Iñure de Juan de Aguirre?

Cuando empecé la escuela, el maestro me puso entre los últimos; pero pasé pronto al grupo de los de mi edad.

El maestro, don Hilario, era un castellano que quería enseñarnos a hablar y a pronunciar bien. *Odiaba* el vascuence como a un enemigo personal y creía que toda persona de buen sentido, antes de aprender a ganar o a vivir, debía aprender a pronunciar *correctamente*.

Nosotros le temíamos porque nos solía pegar con fuerza. A mí me salvó muchas veces de los golpes la indicación de mi madre de que no me pegara, porque me encontraba todavía enfermo.

Yo solía *fingir* un dolor en el pecho para librarme de los golpes que logré evitar muchas veces; pero perdí mi fama de hombre fuerte. «Este chico no vale nada», decían de mí; y hasta ahora creen lo mismo.

Ahora se ríe uno pensando en estas aventuras infantiles; pero si se desea volver a imaginarse la época, se comprende que los primeros días de la escuela han sido de los más tristes de la vida. Después se han pasado tristezas y penas, ¿quién no las ha tenido? Pero uno aprende a dominarse como un capitán domina su barco.

Sí; no es fácil que los de mi época al pensar en los tiempos de la infancia, recuerden con cariño las escuelas y los maestros de los primeros años de nuestra vida.

---

odiar, sentimiento poco amistoso hacia una persona, acompañado del deseo de causarle daño. Lo contrario de amar.
correctamente, aquí: pronunciar bien una lengua.
fingir, hacer creer con palabras o con acciones algo que no es verdad.

A los pocos días de entrar en la escuela hice amistad con dos chicos que han seguido siendo amigos míos hasta ahora: el uno, José María Recalde; el otro, Domingo Zelayeta.

José Mari era hijo de Juan Recalde, el *Bravo*. Llamaban así a su padre por haber mostrado, repetidas veces, un valor que salía de lo normal. José Mari iba por el mismo camino: mostraba, también, un gran valor.

El otro chico, Chomín Zelayeta, se distinguía por su *ingenio*.

El padre era una persona activa, de carácter fuerte, que encontraba motivos raros para sus *decisiones*.

– ¿Por qué no se casa usted de nuevo, Zelayeta? – le dijo alguno.

– No, no; ¿para qué? Tendría que hacer mayor la casa y no me conviene.

Los primeros meses de escuela, mi madre me enviaba a la Iñure, a la salida, y aunque la buena vieja no era muy *exigente* conmigo, tenía que marchar a su lado, mientras mis compañeros iban solos por donde querían.

Después de mucho pedir, conseguí libertad para ir y venir a la escuela sin la Iñure. Mi madre me decía que anduviera por donde quisiera, menos por el *muelle*, lo cual significaba lo mismo que decirme que fuera a todos lados y a ninguno.

---

bravo, persona que tiene valor.
ingenio, se dice de la persona que ve, nota y distingue las cosas con rapidez e inteligencia.
decisión, acción de decidir o decidirse.
exigente, que exige demasiado.
muelle, ver ilustración en página 20.

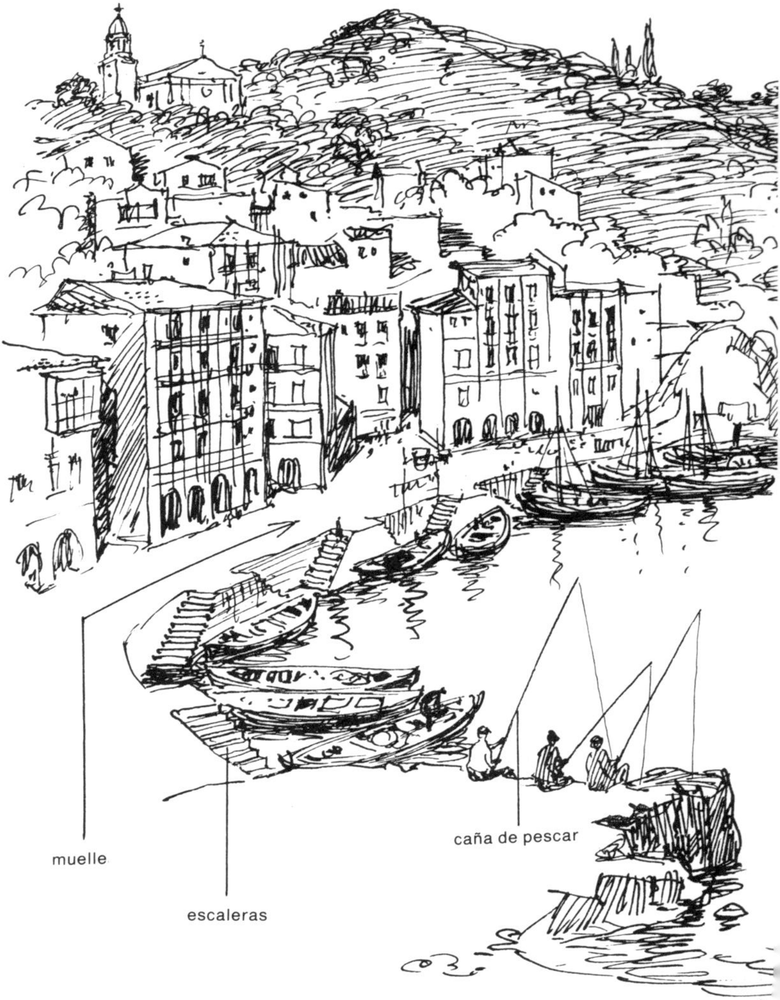

A pesar de sus advertencias, al salir de la escuela echaba a correr hasta las *escaleras* del muelle.
Veíamos salir y entrar los barcos; veíamos a los chicos en

el agua y a los pescadores de *caña*. Los pescadores nos conocían.

Muchas veces dejaba de ir a la escuela con Zelayeta y Recalde. Don Hilario, el maestro, mandaba decir a mi casa que el día tal o cual no había ido; pero mi madre me perdonaba siempre porque veía que cada vez me iba poniendo más fuerte.

Los domingos y los días que faltábamos a clase solíamos ir a la costa.

Recogíamos piedrecitas negras muy brillantes.

Los domingos, mi madre comenzó a dejarme andar con los amigos, después de hacerme varias advertencias.

Ya, teniendo tiempo por delante, además de ir al puerto, subíamos al *monte* Izarra y después bajábamos a las *rocas* próximas.

Cuando ya estuvimos acostumbrados a andar entre las rocas, dejamos de interesarnos por el muelle.

El monte Izarra, a cuyos pies está Lúzaro, forma como una *península* a la entrada del puerto.

Para empezar nuestros juegos solíamos reunirnos a la mañanita en el muelle, pasábamos por delante de la iglesia de Santa Clara, y salíamos más arriba en el monte.

La parte alta del Izarra era impresionante. Allá abajo, en algunos sitios, el agua, verde y blanca, saltaba con fuerza entre las piedras.

Lejos de la costa se levantaba la roca de aspecto *trágico*, Frayburu.

Las horas se nos pasaban muy rápidas entre las rocas; casi siempre yo llegaba tarde a casa.

Muchos domingos hacía mal tiempo; comenzaba a

---

trágico, aquí: que da miedo, o que puede ser causante de desgracias.
monte, *rocas*, *península*, ver ilustración en página 21.

llover y mi madre no me dejaba salir. La acompañaba a Aguirreche, comíamos en casa de mi abuela y pasábamos la tarde allí.

En mi tiempo, el muelle largo de Lúzaro no era tan ancho ni estaba tan bien cuidado como ahora.

A lo largo del muelle, en aquella época y en ésta, sigue pasando lo mismo; había casas de pescadores con ventanas y balcones *adornados* por *colgaduras* formadas por ropa de muchos colores.

Entre las casas de a lo largo del muelle había algunas *tabernas* en donde los pescadores se reunían a beber y charlar.

Entre aquellas tabernas había la del TELESCOPIO, la de la BELLA SIRENA, la del HOLANDÉS, la de GOIZEKO IZARRA, y la más célebre de todas era la de Joshe Ramón, conocida por el GUEZURRECHAPE DE CAY LUCE.

En este muelle, y a pocos pasos de la taberna el GUEZURRECHAPE DE CAY LUCE tenía su *taller* el padre de Zelayeta. Mientras éste trabajaba, solían sentarse a la puerta algunos amigos.

Yo me había hecho muy amigo de Chomín Zelayeta. Nuestro deseo de aventuras creció más al oír las narraciones de Yurrumendi, el *piloto*, el viejo Yurrumendi, amigo de Zelayeta padre.

Eustasio Yurrumendi había viajado mucho. Era Yurrumendi un hombre muy grande, con la espalda ancha y las

---

llover, caer agua de las nubes.
adornado, que se le ha dado un aspecto más bello.
colgadura, algo que se pone colgando para dar un aspecto más bello.
taberna, ver ilustración en página 24.
taller, sitio donde se trabaja en una actividad manual.
piloto, persona que dirige un barco.

taberna

manos grandísimas siempre metidas en los bolsillos de los pantalones.

Tenía una hermosa cara noble, roja; el pelo blanco y los ojos pequeños y brillantes. Vestía muy limpio; en verano, unos trajes azules y en invierno, negros; *fumaba* mucho en *pipa* y llevaba un *anillo* de oro en la *oreja*.

Yurrumendi había visto mucho, pero más de lo que había visto le gustaba contar lo que había imaginado.

A Chomín y a mí nos tenía locos con sus narraciones.

Para Zelayeta y para mí, las narraciones de Yurrumendi fueron un descubrimiento. Estábamos decididos, seríamos marinos, y después de aventuras sin fin, volveríamos a contarlas en Lúzaro, como Yurrumendi.

Así iba pasando el tiempo para nosotros, hasta que Recalde, Zelayeta y yo *ingresamos* en la *Escuela de Náutica*. Hubiéramos preferido ir, como los chicos del muelle, a pescar con algún marinero. Pero no podíamos; si queríamos ser marinos teníamos que estudiar, y para nosotros el ser pilotos significaba una gran superioridad.

Afortunadamente, después del curso con don Gregorio Azurmendi, llegaron las vacaciones de verano.

---

fumar, aspirar y despedir el humo del tabaco.
ingresar, aquí: pasar a formar parte de un centro de enseñanza.
Escuela de Náutica, establecimiento donde se hacen estudios para ser marino.

Como tenía tantas dificultadas para andar en barco, decidimos Zelayeta y yo comprar uno de juguete y fuimos a casa de Caracas, que era el maestro que hacía aquella clase de barquitos.

Caracas tenía su tienda en el muelle. De tarde en tarde tenía que hacer algún barquito para colgarlo en la iglesia de un pueblo próximo, y cuando estaba terminado y pintado, los pescadores amigos pasaban por su tienda para ver la obra maestra.

En la tienda de Caracas solían estar a todas horas, un *borracho* que se llamaba Joshepe Tiñacu y un hombre medio tonto llamado Shacu.

Zelayeta y yo nos hicimos amigos de ellos.

Joshepe Tiñacu era de esos marineros borrachos que se pasaban la vida en el puerto con las manos en los bolsillos. Muy de tarde en tarde se *embarcaba* y volvía pronto a Lúzaro. Continuamente andaba de taberna en taberna. Cuando estaba borracho hacía tales eses por las calles que, como decía Yurrumendi, sólo por verle marchar así, se le podía *convidar* a vino.

Al llegar Joshepe Tiñacu a su casa se paraba, y con voz suave solía decir a su mujer:

– Anthoni, saca la llave.

La mujer se asomaba a la ventana con una luz, y el borracho entonces entraba en casa.

Cuando Caracas concluyó nuestro barco fuimos Ze-

---

borracho, persona que tiene la costumbre de beber mucho vino u otras bebidas.

embarcar(se), meter personas o cosas en un barco.

convidar, ofrecer a alguien algo sin dinero; generalmente comer o beber.

camposanto

layeta y yo a las escaleras del muelle, lo pusimos en el agua, y el barco, como si estuviera cansado, *se tendió*.

Por más arreglos que intentamos no llegamos a *poner a flote* el barco construido por Caracas. Como bonito lo era; para aparecer colgado en una iglesia estaba muy bien, pero no andaba en el agua.

Así son muchas de nuestras cosas.

En aquella época, Yurrumendi era nuestro *modelo*, solíamos andar como él y fumábamos en pipa.

¡Pobre Yurrumendi! Daría cualquier cosa por verle en la tienda de Zelayeta o en el GUEZURRECHAPE DE CAY LUCE contando sus historias; pero han pasado los años y ya hace mucho tiempo que Yurrumendi duerme el sueño eterno en el *camposanto* de Lúzaro.

---

tenderse, ponerse extendido en el agua, suelo o cama.
poner a flote, poner el barco de forma que pueda andar de nuevo en el agua.
modelo, cosa o persona en la que alguien se fija para hacer otra igual u obrar como ella.
camposanto, ver ilustración en página 27.

Preguntas

1. ¿Quién era don Hilario? ¿Cómo era?
2. ¿Por qué tenía tanto interés don Hilario en que sus alumnos pronunciaran bien?
3. ¿Cómo se libraba Shanti de los golpes de don Hilario?
4. ¿Qué recuerdo guarda Shanti de los primeros días de escuela?
5. ¿Quiénes eran José Ma. Recalde y Domingo Zelayeta? ¿Cómo eran?
6. ¿Cómo era el padre de Zelayeta?
7. Describa las aventuras de Shanti y de sus amigos Recalde y Zelayeta.
8. ¿Qué recuerdos guarda Shanti de Yurrumendi?
9. ¿Quién era Joshepe Tiñacu? ¿Cómo era? ¿Qué hacía?
10. Describa la aventura del barquito que hizo Caracas.

Mi abuela y mi madre, después de los exámenes en la Escuela de Náutica, me entregaron en manos de don Ciriaco Andonaegui, capitán de un barco de la *derrota* de Cádiz a Filipinas y de Filipinas a Cádiz.

Don Ciriaco había comenzado su carrera de marino de la misma manera, con mi abuelo, y era justo que hiciese por mí lo que uno de mi familia había hecho por él.

Mi abuela y don Ciriaco decidieron enviarme a *navegar*. Después le acompañaría a don Ciriaco en la derrota de Cádiz a Filipinas y, tras este viaje de un año o año y medio, me quedaría en San Fernando para concluir mis estudios de náutica.

Mi primer viaje fue desde Liverpool a la Habana, en el barco «Caridad», con el capitán Urdampilleta. Tardamos más de dos meses; bajamos a las Canarias, y desde allí nos dirigimos a las Antillas.

En el barco aquel la vida era muy dura; no se comía apenas, ni se podía dormir, ni cambiarse de ropa; en cambio, cuando hacía buen tiempo, un placer; se jugaba a las *cartas*, y se contaban historias. Los marineros, casi todos vascos, eran buenos amigos y no había riñas.

A la vuelta de este viaje me embarqué con don Ciriaco en «La Bella Vizcaína». El barco me pareció muy limpio y arreglado.

---

derrota, dirección que llevan los barcos.
navegar, ir un barco, o ir en un barco, por el agua.
cartas, piezas de papel fuerte con figuras que se emplean para jugar.

A don Ciriaco le gustaba vestir bien. Llevaba siempre un traje blanco. Hablaba con *acento* entre vascongado y andaluz; tipo de marino a la antigua, conocía muy bien su derrota, pero en lo demás estaba poco enterado. Le gustaba la ciudad y la vida social. Había estudiado en Vergara y sabía dos cosas no muy corrientes entre los marinos: sabía latín y sabía bailar.

Don Ciriaco quiso completar mi educación y varias veces me preguntó si no me gustaba bailar; pero sin duda mis *preferencias* no iban por ese camino.

Salimos de Cádiz; aún no se había pensado abrir el Canal de Suez, y el viaje a Filipinas se hacía por el Cabo de Buena Esperanza. Bajamos por la costa de África y paramos en Cabo Verde. Continuamos hacia el Sur, hasta hallar los vientos del Oeste; pasamos el Cabo y fuimos, dando una gran vuelta por el mar de las Indias en dirección de Sonda.

La primera *Nochebuena* en el barco la pasé en el mar de las Indias, después de una tarde de mucho calor.

La mayor parte de los marineros que iban en el barco eran chinos y no celebran este día. Pero los españoles, vascongados y andaluces estuvimos bebiendo y cantando hasta *muy entrada la noche*.

Pasando el estrecho de Sonda, nos quedaba poca distancia. Hacía cinco meses que habíamos salido de Cádiz cuando entramos en el puerto de Manila.

---

acento, tono o manera que tiene la persona al hablar una lengua.

preferencia, circunstancia de preferir o ser preferido.

Nochebuena, la noche del 24 de diciembre.

muy entrada la noche, la noche estaba muy adelantada. Era muy tarde.

Los días en Manila pasaron para mí rápidamente; todo lo encontraba nuevo y lleno de interés; era chico, y no tenía motivos más que para estar contento.

Salimos de Filipinas en marzo, y en vez de volver por el estrecho de Sonda, fuimos con los vientos del sudoeste a entrar en el mar de las Molucas, pasamos por el estrecho de Gililo y luego por el de Pitt y el de Ombay.

Cuando llegué a Cádiz sentí un verdadero placer. Hubiese querido ir a Lúzaro, pero debía continuar mis estudios y don Ciriaco opinó que no debía perder ni un día de clase. El capitán me presentó en la escuela de San Fernando y me llevó a casa de una señora conocida suya de esta ciudad para que me tuviera en su casa.

De la escuela de San Fernando saldría piloto primero, después haría un par de viajes y luego don Ciriaco se retiraría dejándome que le *sustituyera* en el mando de «La Bella Vizcaína».

El primer sábado por la tarde don Ciriaco se presentó en mi casa, en San Fernando, y me dijo:

– Vente a dormir al barco. Mañana tenemos que ir a dormir a Cádiz. Te voy a presentar en casa de Cepeda. Lleva el traje nuevo.

El señor Matías Cepeda era el *propietario* del barco que mandaba don Ciriaco, «La Bella Vizcaína», y de otros muchos más.

Fuimos al barco, donde dormí, y por la mañana me despertaron dos golpes en la puerta.

– ¡Eh, Shanti! – me dijo don Ciriaco –, ya es hora.

---

sustituir, ponerse o ser puesto en el lugar en que estaba otra persona o cosa.
propietario, persona que posee una cosa y es el dueño de la misma.

Me levanté, me vestí y me arreglé todo lo posible. Los marineros del barco, vestidos de día de fiesta, nos esperaban.

Salimos don Ciriaco y yo, y nos dirigimos a la salida del puerto de Cádiz. Pasamos el muelle, luego la Puerta del Mar y seguimos por una calle próxima. Don Ciriaco se detuvo delante de una casa grande con miradores.

– Aquí es – dijo.

Entramos en un *portal* altísimo. Lo cruzamos. Llamó el capitán; un criado abrió y nos pasó al interior. Subimos la escalera y recorriendo un *pasillo*, llegamos a una sala inmensa.

Esperamos un rato y apareció la dueña de la casa, doña Hortensia, una mujer hermosísima.

Nos recibió con gran amabilidad. También don Ciriaco estuvo muy amable con ella. Realmente, el viejo capitán era un hombre muy educado.

Don Ciriaco, *exagerando* un poco, le habló a doña Hortensia de mi familia, de nuestra casa de Lúzaro. Al oír esto, creció la amabilidad de la bella señora.

Resultó, cosa no muy rara entre vascongados, que teníamos un *apellido* común.

– Debemos ser *parientes* – dijo ella.

– Es muy posible – respondí yo.

– Pues si eres algo pariente mío te hablaré de tú, porque a mí me pareces todavía un chiquillo.

---

portal, primera pieza de la casa, en la cual está la puerta principal.
pasillo, lugar por el que se pasa en una casa.
exagerar, presentar una cosa como más grande o más importante de lo que es en realidad.
apellido, nombre de familia que pasa de padres a hijos.
pariente, de la misma familia.

Estábamos hablando cuando entró, acompañada de una criada vieja, la hija de doña Hortensia, Dolorcitas, una muchachita de catorce o quince años, bellísima.

Dolorcitas era más hermosa que su madre, más pequeña y de ojos más negros. Tenía una gran *movilidad* en la expresión y mucha gracia hablando.

Doña Hortensia dijo al criado:

– Dígale al señor que le estamos esperando.

Media hora después vino don Matías Cepeda y fui presentado a él. El señor Cepeda no estuvo muy amable conmigo.

Después de comer, don Matías y don Ciriaco se retiraron para hablar de negocios y doña Hortensia y Dolorcitas quisieron enseñarme la casa.

Después de recorrerla subimos a la *azotea* y estuvimos *contemplando* el puerto de Cádiz lleno de sol y de barcos. Dolorcitas trajo un *anteojo* y miramos el Puerto de Santa María, Rota y Puerto Real.

movilidad, que puede moverse o ser movido.
contemplar, mirar una cosa.

Yo conté lo mejor que pude mi viaje con don Ciriaco. Después vinieron unas cuantas amigas de Dolorcitas. Yo estuve hablando con doña Hortensia que *se mostró* muy amable conmigo.

A media tarde don Ciriaco me llamó.

– Vamos, Shanti – me dijo.

El ama de la casa me advirtió que todos los domingos y días de fiesta debía ir a comer allá. Si no iba, preguntarían por mí y me llevarían a la fuerza.

Me despedí de todos y salí con don Ciriaco, loco de contento.

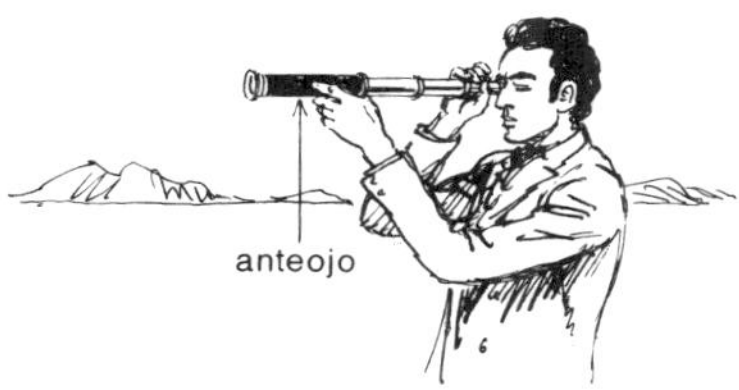

El domingo siguiente, por la mañana, marchaba yo a casa de doña Hortensia, por las calles de Cádiz. Temía que me recibieran mal o fríamente; pero no: la señora y su hija Dolorcitas me recibieron con gran amistad.

Estaban preparándose para salir, y yo las acompañé hasta una iglesia próxima. A la vuelta dimos un paseo por la calle Ancha y la plaza de Mina, y volvimos a casa.

Todos los domingos por la tarde, don Matías se marchaba y no volvía hasta muy tarde.

Nos quedamos en casa doña Hortensia, Dolorcitas y yo. Dolorcitas y yo jugábamos como chicos, recorríamos la casa, subíamos a la azotea, íbamos al mirador.

---

mostrarse, mostrar cierto sentimiento hacia alguien, y procurar que se note.

La señora Presentación, una vieja muy graciosa, solía venir a *avisar* a la señorita Dolores que alguna de sus amigas acababa de llegar.

Cuando Dolorcitas estaba con alguna amiga, entonces yo ya no jugaba. Recuerdo mis conversaciones con Dolores y con una amiga suya, María Jesús.

Las amigas se contaban sus cosas al mismo tiempo, hablando con gran rapidez.

Después de María Jesús, que solía llegar la primera, venían a la casa otras chicas y chicos de la misma edad. Entonces yo permanecía callado; ¿para qué hablar, si por cada palabra mía ellos decían diez o doce?

Mi *timidez* me hacía pasar unos momentos malísimos; una palabra, cualquier cosa, bastaba para que la sangre me subiese a la cara.

Dolorcitas sonreía al verme. Veía que sufría y *se alegraba*. Yo estaba enamorado. ¿Enamorado? Realmente no sé si estaba enamorado, pero sí que pensaba en Dolorcitas a todas horas.

En alguna ocasión que Dolorcitas vio en mí la *decisión* de marcharme y no volver por su casa, se sintió de nuevo amable conmigo.

Si ella hubiera hablado un día con un joven y otro día con otro sin hacer caso de mí, quizá no me hubiera hecho efecto; pero veía que todo lo hacía con la intención de hacerme sufrir.

---

avisar, hacer saber a alguien cierta cosa.
timidez, cuando las personas sienten cierto miedo de hablar o actuar.
alegrarse, ponerse alegre.
decisión, acción de decidir o decidirse.

En general, el amor es eso, sobre todo en las personas muy jóvenes.

A veces, huyendo de Dolorcitas, me marchaba de casa de don Matías. El sol brillaba en las calles, el cielo estaba azul, el mar tranquilo. ¿Qué hacer? El mundo entero me parecía inútil.

Varias veces le dije a Dolorcitas que comprendía que no tuviera cariño por mí, porque yo era muy tímido, y ella me contestó que yo le gustaba así. Le gustaba así para hacerme sufrir.

Las tardes del domingo solíamos ir al paseo de Apodaca, Dolorcitas y alguna amiga suya y yo.

Desde cerca de la Maestranza contemplábamos el mar de Cádiz, tan azul; allá lejos, Rota y Chipiona brillando al sol con sus casas blancas; luego la costa baja hasta el Puerto de Santa María, y en el fondo los montes de Jerez y de Grazalema.

En las paredes blancas de las casas próximas al puerto quedaban aún rayos de sol. Echábamos una última mirada al agua.

El mar, como un *lago* azul, se movía apenas por el viento; en los barcos comenzaban a brillar las luces; el cielo de otoño, un cielo azul sin una nube, iba oscureciendo.

Por la noche me marchaba a San Fernando lleno de una extraña tristeza.

La primera vez que comprendí las *pretensiones aristocráticas* de la familia de Dolorcitas fue hablando con un

---

lago, extensión de agua dulce, menor que la llamada «mar».
pretensión, cosa que se pretende, se desea.
aristocrático, perteneciente a la clase social formada por las personas con título de nobleza.

empleado del *almacén* de don Matías, a quien yo llamaba el Almirante.

Muchos domingos, al llegar a casa de doña Hortensia, me encontraba con que no había nadie, y solía entrar en el almacén. Los empleados me conocían. Allí se trabajaba todos los días, hasta los de fiesta. Era todavía la buena época de Cádiz.

El Almirante, a quien en la casa le llamaban don Paco, me explicó que don Matías buscaba para la niña un novio de la aristocracia. A la familia de Dolorcitas les faltaba el título y habían hablado con el viejo *marqués* de Vernay, y en principio la *boda* estaba convenida. El Almirante sabía que la niña me quería.

Concluí mi curso en San Fernando y fui a vivir a Cádiz; tenía que esperar a don Ciriaco para embarcarme.

Varias veces hablé con Dolores. Yo le decía que no se casara, que me esperara.

– Sí, te esperaré – contestaba ella fríamente.

Supe que no era yo el único que hablaba con Dolorcitas por la *reja*, y que un joven iba muchas noches a verla.

A mediados del mes de julio me quedé sorprendido con la entrada en el puerto de Cádiz de «La Bella Vizcaína».

Llegaba el momento triste. Había que embarcarse. Me despedí de mi novia que me hizo mil *promesas* de *fidelidad* y de escribirme y me fui al barco considerándome el hombre más infeliz del mundo.

---

almacén, lugar donde se guardan ciertas cosas.
marqués, título que se da a ciertas personas nobles.
boda, casamiento, matrimonio.
promesa, acción de prometer.
fidelidad, cualidad de fiel.

Le conté a don Ciriaco mis amores. El viejo capitán me escuchó sonriente.

– Cuando vuelvas, esa niña se habrá casado ya – dijo tranquilamente.

Y añadió después:

– Mejor para ti.

Salimos de Cádiz y comenzamos el largo viaje por el Atlántico hasta el Cabo de Buena Esperanza, y después por el Índico al estrecho de Sonda y a Filipinas.

Al volver, en vez de dirigirnos hacia Europa directamente tuvimos que pasar el estrecho de San Bernardino y dirigirnos por el Pacífico a buscar el de Magallanes.

Dos años y medio después de la salida llegamos a Cádiz. *Mentiría* si dijera que no me acordaba de Dolorcitas.

En el barco supe que se había casado.

Entramos en el puerto de Cádiz una mañana de invierno, con un sol magnífico. Sentí una gran alegría. Allí estaban Chipiona y Cádiz con sus casas blancas.

Al pasar por delante de la Maestranza me acordé de mis paseos con Dolorcitas y de mi época de estudiante en San Fernando.

Tenía ganas de *pisar* tierra española, de pasear por aquellas calles, de ver el hermoso mar de Cádiz.

La primera visita era necesario hacerla a don Matías. Doña Hortensia me recibió como si fuera su hijo. Mi capitán le habló muy bien de mí. Doña Hortensia estaba hermosísima. Era una mujer muy bella.

Don Ciriaco pensaba retirarse y quería que yo tomase el mando del barco. Pero esta idea no le gustaba a don Matías. Mi capitán y yo fuimos varias veces a ver a

---

mentir, no decir la verdad.
pisar, poner los pies en el suelo.

Hortensia para que convenciese a su marido. Ella prometió hacerlo así.

– Amigo, los chicos bonitos tenéis estas *ventajas* – me dijo don Ciriaco –, las mujeres están de vuestra parte y os ayudan. Creen que sabéis mucho de marinería. Ya quisiera ver yo a un capitán viejo, sin pelo y con las *barbas* blancas, venir a esta casa. Estoy seguro de que Hortensia diría que no estaba muy enterado de marinería.

Yo me eché a reír.

– Sí, sí, ríete – volvió a decir mi capitán –, pero ten cuidado. Esta mujer tiene malas intenciones para ti. Ya que has salido de la hija, no vayas a caer en la madre.

– ¿Qué me puede hacer, don Ciriaco? – le dije yo, riendo.

– A otros jóvenes más *listos* que tú les he visto yo hacer mil tonterías por una mujer.

Los consejos de don Ciriaco hicieron que no acudiese tanto como antes a visitar a doña Hortensia. Mi asunto marchaba bien. Antes de un mes podría ver en la calle de la Aduana este letrero:

COMPAÑÍA VASCO ANDALUZA

El día 5 de enero saldrá para las Canarias, Cabo Verde, el Cabo de Buena Esperanza y Manila el barco «La Bella Vizcaína» al mando del capitán don Santiago de Andía

Los días que me quedaban en Cádiz pensé aprovecharlos. Me empezaba a encontrar bien allí; llevaba una vida

---

ventaja, circunstancia que favorece a uno en cierto aspecto.
barba, pelo que crece en la cara.
listo, que comprende las cosas rápidamente.

ligera y alegre. Paseaba mucho, me gustaba el pueblo, sus plazas alegres, sus calles limpias; contemplaba las casas blancas de miradores grandes, las iglesias también blancas y recorría el puerto al ponerse el sol.

Una tarde, al ir a entrar en casa, pasó por delante de mí la criada vieja de casa de doña Hortensia, la señora Presentación, y me dio una carta. Era de Dolorcitas. Me necesitaba para las diez de la noche; tenía que hablar conmigo. Me esperaría en la reja. Vivía en la calle de los Doblones, cerca de la Aduana.

Toda mi tranquilidad se vino abajo desde aquel momento.

Se me ocurrieron dos cosas: una, el ir a ver a don Ciriaco y pedirle consejo; otra, escribir diciendo que acudiría. Me decidí por lo último. Había entre los marineros de «La Bella Vizcaína» un chico de Cádiz, a quien llamaban el Morito porque había estado en Tánger. Fui a buscarle, le encontré y le di la carta para que se la llevara a Dolores.

A las diez me presenté en la calle de los Doblones, y a las diez en punto se oyó ruido detrás de la reja; vi una luz, después una ventana que se abría.

El corazón me golpeaba en el pecho. Apareció ella y extendió la mano. Yo la cogí entre las mías. Me sentía tan feliz que no podía decir nada.

Dolores, de pronto, rápidamente, me dijo que se había casado pero que no era feliz. Había comprobado que su marido, el marqués, era el *amante* de su madre, y ella quería vivir conmigo y abandonar Cádiz.

---

amante, persona con quien otra mantiene relaciones amorosas fuera del matrimonio.

Yo quedé sin saber qué contestar. Alguien se acercaba por la calle. Pasó un hombre y seguimos hablando Dolores y yo.

Al día siguiente me esperaría en una casa próxima que tenía una puerta a otra calle, por donde yo entraría . . .

Se cerró la ventana y yo me fui a mi casa. No pude dormir en toda la noche. Realmente yo no estaba enamorado porque pensaba fríamente, con tranquilidad completa. Veía que me jugaba mi futuro. Mis relaciones con Dolores se descubrirían en seguida, y don Matías me echaría a la calle en cuanto se enterara. A veces se me ocurría la idea de marcharme al barco y encerrarme allí.

Por la mañana, después de una noche sin poder dormir, me decidí a seguir la aventura.

Al día siguiente nos vimos. Dolores había cambiado en los años que no la veía. Era una mujer, pero una mujer hermosísima. Yo empecé a sentirme como en un sueño.

– ¿Será la vida así? – pensaba al retirarme a mi casa.

Era comenzar a vivir. ¡Después de haber dado la vuelta al mundo! ¡Sentirse uno al mismo tiempo viejo por las cosas vistas y niño por el corazón!

Pero la seguridad en mí mismo me hizo ser temerario.

Recuerdo cómo fui varias veces al *palco* de Dolorcitas en el teatro. Dolores parecía una princesa.

La gente me señalaba con el dedo. En el teatro había ópera, y más de una vez de pie, en el palco, junto a ella, me sentía el hombre más feliz del mundo, oyendo cantar en LUCÍA aquello de: TU CHE A DIO SPIEGASTI L'ALE.

Para mi desgracia, se acercaba el momento de que «La Bella Vizcaína» tenía que partir.

Una mañana, vinieron a mi casa dos caballeros, de parte del marqués de Vernay, a *provocarme* a un *duelo* a *pistola* en condiciones graves.

pistola

Yo acepté, desde luego; tenía la seguridad de que no me había de pasar nada. Nombré de *padrinos* a un amigo de la Escuela de San Fernando y a un capitán de barco que estaba en Cádiz.

Como digo, tenía una confianza absoluta, una confianza ciega; me parecía imposible que el marqués pudiera hacerme daño.

El duelo tendría lugar en el Puerto de Santa María, en la *finca* de un amigo del marqués. Todo debía hacerse con mucho secreto.

El marqués y sus padrinos, con las cajas de pistolas, fueron a primera hora de la mañana, y yo, con los míos

---

provocar, querer, intentar que una persona riña con otra, valiéndose de palabras o acciones.
duelo, riña entre dos personas, con cualquier clase de arma, elegida de común acuerdo.
padrinos, personas que representan a los que van a reñir en duelo, y que deciden todo lo que tiene relación con el duelo: lugar, armas, distancia, etc.
finca, terreno grande, en el que puede haber montes, lagos, casas, etc.

llegamos a la finca del amigo del marqués a eso de las dos de la tarde, después de comer.

Hacía un tiempo de invierno magnífico; los padrinos nos colocaron a veinte pasos; nos dieron las pistolas y *disparamos*. Al mismo tiempo sentí un golpe que me hizo caer al suelo. Quise respirar y la boca se me llenó de sangre.

Tenía *atravesado* el pecho. Pasé días muy malos entre la vida y la muerte. Un mes estuve en cama y al cabo de este tiempo pude levantarme.

Don Ciriaco, desde que supo lo ocurrido, se plantó al lado de mi cama y me cuidó como a un hijo. Hortensia vino también a verme. Dolores y su marido habían ido a vivir a Madrid, *al parecer* otra vez buenos amigos.

Cuando pude salir de casa, don Ciriaco me llevó a ver a un amigo suyo, capitán de un barco, el «Ciudad de Cádiz». El viejo capitán que me tenía cariño, quería que su amigo pasara a mandar «La Bella Vizcaína» y yo tomara el mando del «Ciudad de Cádiz».

El amigo aceptó; don Ciriaco fue a ver a doña Hortensia, quien parece que dijo que se haría lo que deseábamos.

En efecto, unos meses después, era capitán de un hermoso barco, a los veintitrés años.

---

disparar, lanzar una cosa o un cuerpo con una arma.
atravesar, pasar de un lado a otro de una cosa.
al parecer, según lo que se ve o parece a primera vista.

Preguntas

1. ¿Quién era don Ciriaco? ¿Cómo era?
2. Describa el primer viaje en barco de Shanti.
3. Describa el viaje en barco de Shanti a las Islas Filipinas.
4. ¿Por qué llevó don Ciriaco a Shanti a la escuela de San Fernando?
5. ¿Quién era la familia propietaria de *La Bella Vizcaína?*
6. ¿Cómo conoció Shanti a esta familia?
7. ¿Quién era doña Hortensia? ¿Cómo era?
8. ¿Cómo era la casa de los Cepeda?
9. ¿Qué impresión sintió Shanti la primera vez que vio a Dolorcitas?
10. ¿Cómo era Dolorcitas?
11. ¿Qué hacía Shanti todos los domingos?
12. ¿Qué personas acudían los domingos a casa de Dolorcitas?
13. ¿Por qué le hacía pasar ratos malísimos a Shanti su timidez?
14. ¿Qué pensaba Shanti de la conducta de Dolorcitas?
15. ¿Por qué sufría Shanti?
16. ¿Por qué no querían los padres de Dolorcitas que ésta se casase con Shanti?
17. ¿Qué le respondió don Ciriaco a Shanti cuando éste le contó sus amores con Dolorcitas?
18. ¿Por qué le envió Dolorcitas una carta a Shanti?
19. Describa la cita entre Shanti y Dolorcitas.
20. Describa el duelo entre Shanti y el marido de Dolorcitas.

EL PARADERO DE JUAN DE AGUIRRE

Nunca volví a acordarme de mi tío Juan de Aguirre, pero un día en Manila hablé con un viejo capitán vasco, y al decirle que yo era de Lúzaro, me preguntó:

– ¿Sabe usted algo de la vida de Juan de Aguirre?

– No. Y eso que Juan de Aguirre era pariente mío.

– ¿Juan de Aguirre y Lazcano?

– El mismo. Era mi tío.

– ¿Qué se hizo de él?

– Debió morir. Yo he asistido a su funeral.

– ¿Cuánto tiempo hará de eso?

– Pues hará cerca de veinte años.

– No puede ser. Hace unos catorce o quince años, Juan de Aguirre vivía, y estaba, según me dijeron, en Ilo-Ilo.

– No creo que fuera él: me parece imposible.

– Yo no le he visto – dijo el capitán –, pero he conocido gente que ha hablado con él.

– Podría ser una persona del mismo nombre.

– ¿Del mismo nombre, del mismo pueblo y que hubiera navegado de piloto en el mismo barco? ... Muy raro tenía que ser.

– Sí, es verdad. Pero si hubiese vivido en Ilo-Ilo, le hubiera escrito a su madre.

– Hace veinte años que no le escribo yo a mi mujer, y seguramente creerá que me he muerto – añadió el capitán.

Me despedí de este *paisano*, que sin duda no era un caso

---

paisano, del mismo país.

muy significativo de delicadeza matrimonial; les conté la conversación a los marineros de mi barco y preguntamos entre capitanes y pilotos vascongados. Varios nos *confirmaron* que, efectivamente, habían oído hablar hacía unos quince años de un Juan de Aguirre, propietario en Ilo-Ilo, y antiguo marino; en cambio, el capitán del barco «Mary Galante», Francisco Iriberri, a quien encontramos en el *océano* Índico, al sur de Madagascar, me dio otros *datos*.

Iriberri era un viejecito pequeño con el aire enfermizo. Después he sabido que Iriberri fue uno de los capitanes más importantes de su tiempo.

Iriberri me aseguró que Juan de Aguirre había estado, como él, haciendo el *comercio* de negros y de chinos hasta que fue apresado su barco por los ingleses. Iriberri me dijo que el barco de mi tío se llamaba «El Dragón». Según él, mi tío, si no se había escapado o no había muerto, seguiría en presidio.

Su final lo desconocía, pero era indudable que mi tío, después de andar en algún barco pirata o dedicado al comercio de negros y de chinos, había sido preso.

Desde Ilo-Ilo hubiera escrito a su madre y ésta hubiera podido declarar que su hijo vivía. Encontrándose en presidio, se comprendía que mi abuela prefiriese darle por muerto.

Con un viaje muy malo, después de siete meses de navegación, llegamos a Cádiz.

---

confirmar, repetir o decir que es verdad lo que ha dicho otro.
océano, que está formado de varios mares.
datos, noticias que sirven para ayudar a formar idea de un asunto.
comercio, actividad de vender, comprar, cambiar cosas.

Llevaba cinco años de mar. Tenía veintiocho. Estaba cansado. Recogí las cartas en el correo, y en la primera que leí, mi madre me decía que la abuela había muerto. Era *conveniente* que fuese a Lúzaro.

Tenía tanto deseo de ver tierra, que no quise acompañar a un amigo que quería llevarme en su barco hasta Bilbao, y tomé el camino de Madrid.

Estuve una semana en la corte, y el primer día, al llegar al Prado, vi en un coche a Dolorcitas con su marido. Él quizá no me conoció, pero ella sí debió conocerme al momento, y volvió la cabeza.

Era una *tontería*, pero aquello me hizo mucho efecto.

Más triste de lo que había llegado, salí de Madrid; pasé por Burgos y Vitoria, y de aquí, tomando un coche y dejando otro llegué a Lúzaro.

Los bienes de la abuela tenían que *repartirse* en partes iguales entre mi tía Úrsula y mi madre.

Aguirreche quedaba para las dos.

Yo, movido por el interés de conocer el paradero de mi tío Juan, busqué en los *armarios* de la abuela y leí todas las cartas y papeles viejos.

Quería aclarar el secreto de la vida de mi tío, de quien se contaban tantas historias.

---

conveniente, que conviene.
tontería, acción o dicho tonto.
repartir(se), hacer de una cosa varias partes, que se dan a distintas personas.
armario, ver ilustración en la página 78.

En los armarios encontré un *retrato* hecho en París. Pregunté a mi madre si conocía al retratado, y me dijo que era su hermano Juan, pero tan raro que casi no le conocía. Nunca había visto aquel retrato.

En un paquete de cartas, leí una de mi tío Juan. En ella se decía que enviaba su retrato hecho en París.

retrato

No cabía duda que la carta era de mi tío. Estaba escrita desde un pueblo de Bretaña y fechada diez años después de que en Lúzaro se celebrara el funeral. Era indudable que Juan de Aguirre vivía cuando su familia y yo, de chico, asistimos a su funeral.

Por las mañanas, al asomarme al balcón, veo el pueblo con sus tejados rojos, negruzcos, en el cielo gris del otoño.

Después de la *lluvia*, las calles están limpias y el azul del cielo parece más puro cuando sale entre las nubes.

Enfrente veo las casas contempladas por mí en la infancia, tristes, negras, viejas. Entre ellas, Aguirreche, la de mi abuela.

– ¡Qué tranquilidad en todo el pueblo! Así estarían las casas hace doscientos años; así están hoy.

Todo sigue igual. Sí todo está igual; yo sólo soy diferente, yo sólo he cambiado; era un niño, soy un hombre.

---

lluvia, agua que cae de las nubes.

Algunas veces me miro en un *espejo*, y al verme viejo y cambiado, me digo a mí mismo:

– ¡Ah!, pobre hombre. Tu juventud se fue.

Han pasado muchos años desde que salí de mi pueblo, ¿qué he hecho? Ir, andar, moverme de aquí para allá.

Navegando he perdido la *noción* del tiempo; embarcado, los días son largos, y, sin embargo, los años, *suma* de días, son cortos. El tiempo ha corrido bien rápidamente para mí.

La Iñure ha muerto: ya no la oiré contar historias. Ya, ni Caracas hará sus barcos, ni Yurrumendi hablará de los piratas, ni Joshepe Tiñacu irá haciendo eses por las calles. Todos han muerto. No he debido salir de aquí, no he debido volver aquí.

La primera impresión al llegar a Lúzaro fue un gran *asombro* al ver la pequeñez de los muelles, de la ciudad, del río. ¡Me parecía tan pequeño, tan triste! Me había figurado grande la entrada del puerto, hermoso el río,

---

noción, idea de cierta cosa.
suma, acción de reunir varias cantidades en una sola.
asombro, impresión que sentimos por las cosas que salen de lo corriente.

anchos los muelles, y al verlos quedé asombrado, me parecieron de juguete.

– No vale la pena de vivir aquí – me dije al llegar.

Y ahora, ¡extraño cambio de opinión!, me digo muchas veces:

– No vale la pena de vivir fuera de aquí.

Hace un mes no quería pensar en quedarme en Lúzaro. Ahora me asusta la idea de volver a mi barco. Toda la vida pasada en el mar se va alejando de mí; me parece una cosa imprecisa y sin realidad. A medida que pasan los días en Lúzaro, me gustan más las cosas viejas; me paso las horas muertas contemplando, desde el balcón, el pueblo, el campo, el mar, y me figuro encontrarles aspectos antes nunca vistos por mí.

Me levanto todos los días muy temprano. Me gusta ver, al amanecer, cómo se aleja la *niebla* y sube por el monte Izarra, y comienza a aparecer la ciudad y el muelle.

Cuando hace buen tiempo, salgo por las mañanas y recorro el pueblo. Contemplo estas casas grandes y negras; me paseo por las callejuelas de pescadores. *Al amanecer*, por estas calles estrechas, sólo se ve a alguna mujer, corriendo de puerta en puerta, golpeándolas con fuerza, para despertar a los pescadores.

Los días de lluvia Lúzaro me gusta más. Esa tristeza del tiempo gris no me molesta. Es como un recuerdo amable de los días infantiles.

De noche, el ruido de la lluvia, esa canción del agua, es

---

niebla, formación de gotas muy pequeñas de agua, situada en el aire, y que está tocando la tierra.
al amanecer, a la hora en que aparece la luz del día.

como una música que acompaña *resonando* en los *tejados* y en los *cristales*; música olvidada vuelta a recordar.

La lluvia me parece caer sobre mi alma como en una tierra seca, dándole alegría.

Y la lluvia, y el viento, y el agua, todo me alegra y todo me entristece.

Uno quisiera que las personas y las cosas relacionadas con nuestros recuerdos fueran eternas: pero nuestra vida, nuestra felicidad o nuestra amistad tienen poca importancia.

Una tarde de diciembre, al volver de paseo, un chiquillo me detuvo y me entregó una carta. ¿Quién podría escribirme? Examiné el sobre. Era letra de mujer. Con gran curiosidad leí la carta, que decía así:

«Al capitán don Santiago de Andía.

«Mi padre, que se encuentra enfermo, le pide a usted que venga a verle lo más pronto posible; si puede esta misma noche. Tiene que hablarle a usted de asuntos importantes. Si se decide a salir por la noche, a la salida del pueblo, en casa de Aspillaga, le esperará un amigo con un caballo.

Bisusalde: *playa de las* Ánimas.» *Mary A. Sandow*

Al entrar en casa enseñé la carta a mi madre, que se quedó también asombrada. Como sentía gran curiosidad, quise marcharme en seguida; pero mi madre me obligó

---

resonar, sonar una cosa.
tejado, la parte superior que cubre la casa.
cristales, materia que deja pasar la luz, que se puede ver a través de ella.
playa, sitio, lugar, tierra llana al lado del mar o de un río.

a sentarme a *cenar*. Cené rápidamente, y tomé el camino hacia la casa de Aspillaga.

Allí se encontraba Allen, un viejo de Bisusalde. Le dirigí algunas preguntas acerca del capitán; y en vista de que no manifestaba muchas ganas de hablar, no quise preguntarle más.

El caballo tomó un paso no muy cómodo, y por la *carretera*, llegamos en una hora a la playa de las Ánimas.

Nos acercamos a la casa. En la puerta se encontraba la hija del capitán. Tenía los ojos como de haber llorado.

– ¡Cuánto ha tardado usted! – me dijo.

– No he podido venir antes.

– Vamos a ver a mi padre.

Dimos una vuelta a la casa, y, por una escalera que había a un lado, subimos al piso principal. El capitán se hallaba en un sillón, con los ojos cerrados.

Al oír mis pasos, *murmuró* con voz débil:

– Mary, trae una silla.

Cogí yo la silla y me senté. ¿Qué podía querer aquel hombre de mí? ¿Qué relación podía haber entre nosotros dos?

La muchacha dio a beber al viejo un poco de café, y yo pude contemplar al padre y a la hija. Era él un hombre delgado, de unos sesenta años; la barba blanca; los ojos, pequeños, grises y vivos.

La muchacha tenía quince o dieciséis años; era delgada; los ojos brillantes, oscuros y el pelo *rubio* de fuego.

---

cenar, tomar la comida de la noche.
cómodo, que hace descansar al cuerpo.
carretera, camino ancho para coches.
murmurar, hablar alguien en voz muy baja.
rubio, del color del oro.

El capitán, después de tomar el café, me miró con atención, esperó a que su hija saliera y me dijo rápidamente:

– Yo soy Juan de Aguirre, el marino, el hermano de su madre de usted, el que desapareció.

– ¡Usted es Juan de Aguirre!

– Sí.

– ¿Mi tío?

– El mismo.

– ¿Y por qué no habérmelo dicho antes?

El viejo me miró. Sin duda no esperaba mi pregunta. Luego, dijo:

– Creí que tu madre y tú no me aceptaríais.

– ¿Por qué?

– Se hubiera sabido de donde venía, y tu madre hubiera sentido mucha pena ... Tu abuela sabía que yo estaba aquí.

– Yo también me imaginaba que usted vivía.

– ¿Sí?

– Sí. Un tal Iriberri, capitán de barco, me dijo dónde debía usted de estar.

– Iriberri, Francisco Iriberri, que mandaba «el Fénix». Sí, lo recuerdo ... Dejemos eso, si quieres. Antes de morirme quiero pedirte dos cosas: una, que entregues este sobre a Juan Machín. Entrégaselo un año después de mi muerte, o antes si las circunstancias te obligan a abandonar Lúzaro. La otra cosa es que cuides en lo que puedas de mi hija, que va a quedar sola. ¿Has comprendido?

– Sí.

– ¿Me prometes que harás lo que te pido?

– Sí. Lo prometo.

– ¿Me prometes que reconocerás como pariente a mi hija María de Aguirre, siempre, digan lo que digan, y que la ayudarás con todos tus medios?

– Sí. Lo prometo.

– ¿Me prometes que entregarás esta carta a Juan Machín, dentro de un año o antes si las circunstancias te obligan a abandonar Lúzaro?

– Lo prometo.

– ¡Oh, gracias; gracias! No es que pudiera dudar de ti, pero así estoy más tranquilo. Toma el sobre. Guárdalo.

Yo tomé el sobre y lo guardé en el bolsillo.

– ¿Quiere usted algo más? – le pregunté.

– No, nada más. ¿Cómo te llamas?

– Santiago.

– ¡Ah! Shanti. Así se llamaba también mi padre. Haz el favor de decir a mi hija que venga.

Llamé, y vino la muchacha rubia, ¡mi prima!

– Ven, Mary – dijo el viejo capitán –. Da la mano a este caballero. Es primo tuyo. Será para ti un amigo cuando yo falte.

La muchacha *sollozó* al oír esto.

– Dale la mano – siguió diciendo mi tío –; y aunque no le conozco apenas, creo que puedes confiar en él.

– Sí, yo también lo creo – dije yo.

La muchacha miraba a su padre y me miraba a mí. *Alargó* su pequeña mano, que tomé un momento entre las mías.

---

sollozar, llorar con gran pena, con movimientos del cuerpo.
alargar, hacer llegar una cosa hasta cierto sitio.

– Bueno, – murmuró el viejo –; no quiero molestarte más, Shanti. ¡Adiós!

Salí del cuarto y bajé con Mary hasta la puerta.

– Si puedo servir en algo, dígamelo usted – advertí a mi prima.

– Hoy no necesito nada. Cuando necesite . . .

– Entonces, hábleme usted sin ningún *reparo*.

– Así lo haré. ¡Muchas gracias!

– Adiós, Mary.

– Adiós.

En la puerta de casa me esperaba Allen con el caballo.

– No hará falta que vaya con usted, ¿eh?

– No.

– El caballo sabe el camino; le dejará a usted en casa de Aspillaga.

– Muy bien.

Como me había dicho Allen, el caballo sabía el camino. Llegué rápidamente a casa de Aspillaga, y de allí, a pie, volví a mi casa.

No sabía qué decir a mi madre; quizá le iba a producir un gran asombro hablándole de que su hermano vivía a poca distancia de ella, enfermo.

Cuando entré en mi cuarto, mi madre, aún despierta, me preguntó desde la cama:

– ¿Te ha ocurrido algo?

– No, nada.

– ¿Pasa algo importante?

– No; mañana te lo diré.

---

reparo, timidez, miedo.

Guardé en el *cajón* de la mesa, bajo llave, la carta que me había dado mi tío para Machín; luego me acosté; pero por más que quise dormir no pude conseguirlo.

Al día siguiente conté a mi madre la escena de la noche anterior en Bisusalde, pero mi madre no se asombró tanto como yo creía, y hasta se me figuró que le pareció mal que yo quisiera ayudar a mi prima.

Durante algún tiempo fui casi todos los días a la casa de la playa. Mi tío marchaba cada vez peor. El médico decía que se acercaba la hora de su muerte.

Varias veces pregunté a Mary si había pensado en el *porvenir*. Ella me dijo que podría enseñar el inglés a muchachos de Elguea y seguir viviendo allá; pero yo le advertí que esto era imposible.

– ¿Por qué?

– Porque no, Mary. ¿Cómo le van a tener respeto muchachos de su misma edad o mayores que usted? No puede ser.

– ¿Y si les enseño el inglés tan bien como otro profesor?

– Aunque así sea. No iría nadie, o, mejor dicho, irían muchos; pero no a aprender el inglés, sino a hacerle a usted el amor.

– ¿Y si me pusiera a *coser* y a hacer trajes para las señoras?

– Pero, ¿sabe usted algo de eso?

– No, pero aprenderé.

---

cajón, caja de madera, que puede moverse hacia fuera o hacia dentro; por ejemplo en una mesa, armario, etc.
porvenir, el tiempo, los hechos y las cosas que vendrán; el futuro.
coser, aquí: hacer trajes o vestidos.

– Quizá fuera *práctico*.

Y le ofrecí pagarle todo lo que necesitara.

Mi madre, que desde el principio que le hablé de Mary sintió por ella *antipatía*, me dio a entender que si moría el padre no estaba dispuesta a recoger a la hija.

– ¿Aunque se pruebe que es tu sobrina?

– Si se prueba eso, la llevaremos a un colegio.

La enfermedad de mi tío Aguirre seguía acercándose a su fin. También se acercaba para mí el *día de la marcha*. Se terminaba para mí el tiempo de estar en Lúzaro. De Cádiz me mandaban llamar. Aquello de pasarme cuatro o cinco años seguidos en el mar me parecía muy duro.

Mi madre se quejaba al mismo tiempo de que tuviese que ir y de que perdiese una plaza tan buena.

No sabía a quién dirigirme y se me ocurrió ir a *consultar* a Quenoveva.

Esta muchacha se llamaba Genoveva y era la amiga de Mary; pero todo el mundo la llamaba Quenoveva, y ella estaba convencida de que así se pronunciaba su nombre.

Una mañana me acerqué a su casa y al ver a uno de los chiquillos le pregunté:

– ¿Está tu hermana?

– ¿Quién, Quenoveva?

– Sí.

– Aquí está.

---

práctico, que aprovecha, que es útil.
antipatía, sentimiento hacia alguien que hace encontrar desagradable su compañía.
día de la marcha, día que debe partir.
consultar, preguntar su opinión a otras personas.

Entré y me encontré a la muchacha que estaba *lavando*. Al verme, se levantó asustada; yo la tranquilicé y le expliqué a lo que iba. Le dije que la derrota de mi barco era tan larga que tendría que estar dos o tres años sin venir a Lúzaro, y sin ver a Mary. No me gustaba dejar a la muchacha sola, y a ella que era su amiga, le pedía consejo, le preguntaba qué debía hacer.

Quenoveva me escuchó con gran atención para no perder palabra.

Pensaba que yo debía dejar esta derrota larga y embarcarme en un barco de la derrota Bilbao-Liverpool. Su padre podría escribir al director de la Compañía donde antes había navegado.

Me pareció un buen consejo, y hablé con Urbistondo, el padre de Quenoveva, para que escribiera immediatamente. El hombre quedó muy satisfecho de poder ayudarme. Urbistondo había sido capitán, durante mucho tiempo, de un barco de la derrota Bilbao-Liverpool.

Avisé a Cádiz, diciendo que me encontraba enfermo y que abandonaba mi cargo de capitán y esperé los *acontecimientos*. Mi madre encontraba que dejar la derrota de Cádiz a Filipinas para ir a Liverpool era bajar de *categoría;* pero a mí no me han importado gran cosa las categorías.

A principios de febrero, una mañana, Mary me mandó llamar, diciéndome que fuera a Bisusalde lo más pronto posible. Me vestí, tomé el caballo de Aspillaga y me fui a la casa de la playa. Mi tío Juan había muerto.

---

lavar, limpiar una cosa con agua.
acontecimientos, cosas que suceden.
categoría, aquí: estado que viene de tener un trabajo importante.

En casa estaban, Mary, el criado viejo, Quenoveva y Urbistondo. Me enteré de lo que se necesitaba. Había que mandar hacer un *ataúd* en Lúzaro. El *entierro* lo harían al día siguiente en Izarte.

Enviamos a un hombre a que encargara el ataúd, y Urbistondo y yo nos quedamos en la casa.

Por la noche *velamos* el *cadáver*, Urbistondo, el criado y yo, y por la mañana lo enterramos en el pequeño camposanto del pueblo.

Al día siguiente, Mary fue a *instalarse* a casa de Quenoveva, y Allen, el criado viejo, marchó a vivir a Izarte.

Una semana después, mi prima me dijo que pensaba ir a vivir a Lúzaro.

Pedí a mi madre que recogiera a Mary pero no quiso. No creía que fuera su sobrina, sino la hija de un aventurero; sabe Dios quién.

Entonces fui a ver a Cashilda, la mujer de Recalde y prometí pagarle un tanto por tener en su casa a Mary.

De Bilbao habían contestado a Urbistondo aceptando mi *ofrecimiento*. Iba a tener un barco que mandar.

Fui a buscar a Mary para traerla a Lúzaro y presentarla en casa de la mujer de Recalde. Era el día de Nochebuena.

Me despedí de Urbistondo y de su familia, y Mary y yo

---

ataúd, caja de muerto.
enterrar(entierro), poner el cadáver debajo de tierra.
velar, permanecer despierto para hacer alguna cosa en las horas que se acostumbra a dormir.
cadáver, cuerpo muerto.
instalarse, ir a vivir con alguien.
ofrecimiento, acción de ofrecer.

nos dirigimos a Lúzaro por el Izarra. Ella marchaba al mismo paso que yo.

Mary estaba muy triste.

– ¿Qué le pasa a usted? – le dije.

– Nada.

– No, algo le pasa. ¿Por qué está triste?

– Porque su madre de usted no me quiere. ... Ha dicho que yo soy una chica mala ... Su madre de usted no me quiere ..., usted tampoco. Sólo mi padre me quería y yo voy a reunirme con él.

Y la chica, en un momento de *arrebato*, se acercó al *acantilado* con intención de tirarse al mar; yo la cogí de un brazo y la retiré de allí.

– Mary – le dije – ¡Cuidado con hacer tonterías!

La muchacha comenzó a sollozar. La dejé que llorase largo rato, y después ofreciéndole la mano, le dije:

– Vamos, Mary, que empieza a llover.

Ella puso entre la mía su mano pequeña y comenzamos a subir el Izarra, de prisa, huyendo de la lluvia.

Mary me preguntó adónde iba a llevarla; le dije quién era la mujer de Recalde y cómo vivía; luego me preguntó acerca de lo que pensaba hacer yo; le expliqué cómo tenía que embarcarme, lo que ganaba, cuándo volvería, todo.

Hablamos muy seriamente largo rato. Al cabo de algún tiempo cesó de llover.

Llegamos a Lúzaro y llevé a Mary a casa de Recalde. Ella estaba tranquila, pensaba que tendría que trabajar pronto. En cambio, mi intranquilidad era grande. Comprendía que estaba enamorado. Mary, casi niña; yo,

---

arrebato, pérdida momentánea del dominio de uno mismo.
acantilado, costa formada por rocas muy grandes y muy altas.

casi viejo, y teniendo que viajar continuamente. Mis amores comenzaban mal.

Preguntas

1. ¿Dónde oyó hablar Shanti de su tío Juan?
2. ¿Cómo llegó al convencimiento de que éste vivía aún?
3. ¿De qué manera conoció Iriberri a Juan de Aguirre?
4. ¿Qué hizo Shanti al enterarse en Cádiz de que su abuela había muerto?
5. ¿A quién vio Shanti en Madrid?
6. ¿Qué buscaba Shanti en los armarios de su abuela?
7. ¿De qué personas desaparecidas se acuerda Shanti cuando vuelve a Lúzaro?
8. ¿Cómo pasa Shanti los días en Lúzaro?
9. ¿De quién era la carta que recibió Shanti?
10. ¿Qué le decían en ella?
11. ¿Qué hizo Shanti al recibir la carta?
12. Describa el encuentro de Shanti con su tío Juan.
13. Describa la muerte de Juan de Aguirre.
14. ¿Cuándo se enamoró Shanti de su prima Mary?

JUAN MACHÍN

De la Compañía de barcos de Bilbao a Liverpool, pasé a otra de Burdeos a Buenos Aires. El corto tiempo que tenía libre lo aprovechaba para llegar a Lúzaro y ver a mi madre y a Mary.

Mary iba acostumbrándose a Lúzaro y comenzaba a trabajar de *modista*. Nos escribíamos continuamente; yo la llamaba a ella «mi querida Mary», y ella «mi querido Shanti». Yo no le había dicho claramente que estaba enamorado de ella y que deseaba hacerla mi mujer.

Como la *conducta* de Mary en casa de Cashilda era buena, mi madre comenzaba a sentir por Mary cierto cariño.

Yo tenía que vivir intranquilo en el barco. Mis pensamientos estaban en Lúzaro.

Solía encerrarme en mi *camarote*, teniendo su retrato delante de los ojos. ¡Qué largos me parecían estos días de navegación!

A la vuelta de mi viaje me sentía tranquilo.

Al acercarme a Europa, sentía una alegría loca. Si tenía ocasión, al llegar a Burdeos tomaba otro barco, aunque no fuese más que para pasar un día en Lúzaro. Si no, me quedaba en el barco, escribiendo a Mary.

Un día recibí una carta de Genoveva, la hija de Urbistondo.

Genoveva me decía que Juan Machín, hombre rico de

---

modista, persona que hace vestidos para mujeres y niños.
conducta, modo de actuar de una persona; modo de obrar de cierta manera.
camarote, habitación del barco para dormir.

Lúzaro, hacía el amor a Mary. Ella no le hacía por ahora el menor caso, pero él no la dejaba en paz en ningún momento.

Al recibir aquella carta me dispuse a ir a Lúzaro; antes pensaba en esperar a reunir algún dinero para casarme; ya no lo pensé más; decidí casarme en seguida. Si Mary quería, naturalmente. Pasaría unos días en Lúzaro, pondríamos la casa en Burdeos y me iría a navegar.

Después de tomar esta decisión, escribí a la Compañía, pregunté en el puerto si salía algún barco hacia la costa de España y me metí en uno que iba a Bayona.

Al llegar a Bayona encontré otro barco que iba a Lúzaro: «el Rafaelito». Salía al amanecer. Me fui al barco, me tendí, y esperé la salida.

Sonaron las tres en el reloj de una iglesia de Bayona y el capitán dio la orden de partir.

Pasamos por delante de Biarritz, con sus rocas, y después por delante de la costa vasco-francesa. Larrun apareció cortando el cielo, y más lejos, los montes de España.

Pasamos Hendaya y Fuenterrabía, dormidos al sol. Estábamos delante de Jaizquibel.

Serían las cinco y media cuando cruzamos por delante de la costa alta de Orio, pasamos la playa de Zarauz y dejamos atrás el monte de San Antón.

El sol bajaba hasta tocar el mar. En el cielo aparecían nubes de colores brillantes.

A la altura de Zumaya se ocultó el sol.

---

a la altura de, aquí: al pasar frente a.

– Vamos a tener lluvia – dijo el capitán, señalando la luna.

Pasamos por delante de la playa de las Ánimas, y las casas de Izarte, próximas al acantilado, se veían a la luz de la luna.

Dimos la vuelta al Izarra y comenzamos a entrar en el puerto.

Fuimos pasando por las calles estrechas formadas por las barcas en el muelle *silencioso*.

Al llegar el barco al muelle dije:

– Me voy porque *tengo prisa*.

– Bueno, bueno – me contestó el capitán.

Al pasar por delante de casa de Zelayeta encontré a mi amigo; le cogí del brazo y le pregunté lo que se decía en el pueblo de Mary y de Machín. Su *contestación* me tranquilizó. Era verdad que Machín no dejaba en paz a la chica, pero ella no le hacía caso.

– Puedes estar sin cuidado – me dijo.

Y más tranquilo, fui a casa de mi madre.

Al amanecer del día siguiente me levanté muy de mañana. Estaba el tiempo suave. Saqué una silla al balcón, me senté, y estuve contemplando el pueblo y la casa donde vivía Mary.

El sol se levantaba; las casas, el puerto y el monte Izarra iban apareciendo ante mi vista.

Era demasiado temprano para ir a ver a Mary. Salí de casa y en la carretera me encontré con el médico viejo. Se levantaba siempre muy de mañana y salía temprano

---

silencioso, en silencio.
tener prisa, tener necesidad de hacer algo rápidamente.
contestación, acción de contestar.

para su visita. Le saludé. le acompañé, le dije si conocía a Mary y le pregunté qué se decía en el pueblo de Machín y de Mary.

– Nada malo. Puedes estar tranquilo. No creo que le haga el amor a Mary.

– Sin embargo . . . – murmuré yo.

A pesar de las palabras del médico viejo, no me tranquilicé, y le pedí que me hablara de Machín.

– Machín es un hombre de una voluntad de hierro – me dijo el médico. –. Tú le conocerás.

– No; no creo haberle visto nunca.

– Pero habrás oído hablar de él.

– Poco.

– Pues Machín es hijo de un *caserío* de tu abuela. No sé si navegó un poco; pero si navegó, no le gustó el mar. Juan Machín se fue a Bilbao donde vivió con los perdidos y gente de mala vida del *barrio* de Miravilla. Pero, de pronto, el joven inútil apareció como un hombre serio; vino a Lúzaro, tomó las *minas* de Beracochea y comenzó a ganar mucho dinero. Ya mayor, a los cuarenta años, se ha casado con una señorita rica, pero parece que está cansado de ella. Los pescadores le odian porque anda detrás de las chicas bonitas del barrio. Respecto a lo que me dices de esa chica que es tu novia, no creo que se haya dirigido a ella; pero si tú ves que la molesta, dímelo a mí, yo llamaré a Machín y le diré algo importante.

---

caserío, ver ilustración en página 69.

barrio, uno de los nombres que reciben las diversas partes de una ciudad.

mina, sitio, lugar, terreno, de donde se sacan materias llamadas minerales.

Me despedí del médico, que iba a entrar en una casa de la carretera, y me volví al pueblo. Esperé un poco. El *recibimiento* que me hizo Mary borró todas mis inquietudes. Salí de casa de Recalde loco de contento.

Al llegar a mi casa le dije a mi madre que me casaba con Mary; ella no dijo nada; mas al día siguiente me dijo que Mary era una buena muchacha, pero que podía haber hecho una boda mejor. Yo le respondí alegremente que no se trataba de hacer una buena boda, sino de ser feliz.

Escribí a Burdeos diciendo que tardaría en volver algo más de lo que había prometido.

---

recibimiento, acción de recibir.

caserío

Todos los días esperaba a Mary después de que ella concluía su trabajo, y paseábamos juntos, solos o en compañía de Cashilda *la de* Recalde. Nos sentábamos en el muelle y veíamos cómo el mar se movía entre las rocas. Algunos amigos me dijeron que Machín nos seguía.

– Ten cuidado – añadían –. Machín tiene malas intenciones.

Era verdad que al cruzarse conmigo me miraba de través; pero *no pasaba de ahí.* Machín apenas estaba en Lúzaro. Tenía un magnífico barco, bastante grande, muy fino, hecho en Inglaterra, y se marchaba a pasear por el mar.

---

la de, la hija de.
no pasaba de ahí, no hacía nada más.

El primer domingo que pasé en Lúzaro fue uno de los días más felices de mi vida. Todo el día y toda la tarde estuve en compañía de Mary.

Por la tarde, después de comer, cuando fui a casa de Recalde a buscar a mi novia, me encontré con Genoveva. Le pregunté por su padre, el gran Urbistondo, y por todos sus hermanos.

– ¿Qué le pasa a Genoveva? – le dije a Mary –. La encuentro más triste que antes.

– Es que está algo enamorada.

– ¿De veras?

– Sí.

– ¿Y de quién?

– De un chico marinero que tú no conoces, que se llama Agapito. Y él no le hace mucho caso.

– ¿No? ¡Qué tonto! ¿Qué más puede desear ese muchacho?

– Si no le parece bien ...

– Encontraba algo raro que un simple marinero hiciera eso con Genoveva; pero no quise *discutir* con Mary.

Salimos de Lúzaro y tomamos el camino de Elguea.

Hablamos y reímos; pero yo en el fondo iba pensando en mi felicidad, gozando del día, del silencio roto por el ruido del mar, de los colores de la tierra en otoño.

Al volver a casa, yo quise besar a Mary, pero ella *se* me *escapó* riendo.

Aunque la veía todas las tardes, solía pasar todas las

---

discutir, hablar dos o más personas entre las cuales cada una sostiene opiniones que no son iguales.
escapar(se), huir.

noches por delante de su casa. Ella estaba junto a los cristales, me veía, me saludaba, y cerraba el balcón de su cuarto.

Yo necesitaba estar solo para gozar de mi felicidad, y en vez de ir a mi casa, me marchaba al muelle, me sentaba con las *piernas* hacia afuera y miraba el mar, a la luz de la luna o a la luz de las estrellas.

Una noche, ya al final de septiembre, estaba solo en el muelle. Oí en el reloj de la iglesia que daban las once de la noche, y me dirigí hacia casa. Iba marchando de prisa, cuando de repente dos hombres saltaron sobre mí y antes de que pudiera gritar me *taparon* la boca y me *ataron* los brazos.

Creí que me querían tirar al agua y empecé a pensar en Mary.

Los dos hombres, rápidamente, me bajaron por las escaleras del muelle y me tendieron en la *cubierta* de un barco. Allí había un hombre a quien no se le veía la cara. A pesar de esto, le conocí. Era Machín. Me habían llevado a su barco.

---

tapar, cerrar, ocultar una cosa con algo.
atar, unir una cosa a otra con algo.
cubierta, piso superior del barco.

¿Con qué objeto? Sin duda quería jugarme una mala acción.

Los dos hombres llevaron el barco fuera del puerto.

La noche estaba muy negra; nubarrones oscuros se extendían por el cielo, donde brillaba un grupo de estrellas.

Hice un esfuerzo y me quité el pañuelo de la boca. Luego pensé fríamente:

«– ¿Qué querían de mí aquellos hombres? Si Machín hubiera pensado echarme al agua, ¿qué esperaba?»

Una hora después estábamos delante de Frayburu. No sé cómo pudo llegar Machín hasta la roca en aquella oscuridad. Demostró que era un piloto *atrevido*.

– Cogedle – dijo Machín a los suyos – y dejadle ahí arriba. Ahora tendrás tiempo para pensar – añadió, dirigiéndose a mí. – Ya sabes que esa mujer no es para ti. Hoy te dejo aquí, pero otro día irás a hacer compañía a los peces.

Yo le miré, y no le contesté. ¿Para qué contestar, si mi *respuesta* no iba a servir de nada?

Los marineros, con grandes esfuerzos, me subieron a una meseta de la roca y me dejaron tendido entre la *hierba*.

Luego saltaron los dos al barco y oí el ruido que hacían al alejarse.

– Buenas noches – me dijo Machín sonriente.

Al quedarme solo, recordé que debía tener un *cortaplumas* en el bolsillo y esta idea me animó.

---

atrevido, que se atreve.
respuesta, acción de responder.
hierba, cualquier planta pequeña que nace y muere el mismo año y cubre el terreno. En general, de color verde.

La noche estaba tan negra que no veía dónde ni cómo me encontraba; tenía miedo de caer al mar.

Tras muchos esfuerzos, pude soltar una mano. Busqué en mis bolsillos y encontré el cortaplumas. Lo abrí y corté la *cuerda* con que me habían atado los pies. Me senté. Sentía mucho miedo al pensar que cualquier movimiento podía hacerme caer al mar.

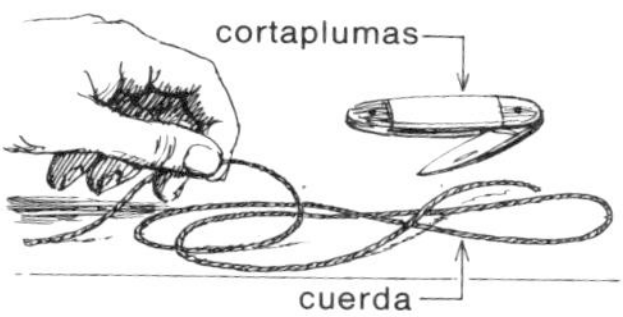

No me atrevía a levantarme; me parecía que con un solo paso podría caerme.

Pasé la noche de una manera *horrible;* me agarraba a las piedras hasta hacerme sangre en las manos, y gritaba como un loco.

Cuando comenzó a amanecer, me sentí más tranquilo.

Lo mejor era tener paciencia. Pensé que lo mejor sería esperar a que pasara cerca alguna barca.

Mi madre, al ver que llegaba la mañana y no aparecía, estaría muy intranquila pensando que quizá me habría ocurrido alguna desgracia.

Comenzaron a salir las barcas pescadoras. Grité, pero iban demasiado lejos para que me oyesen; tampoco era fácil que me pudieran ver. Entonces me acordé de lo que suelen hacer las gentes de estos pueblos para *comunicarse* con los pescadores a gran distancia: hacer fuego.

---

horrible, muy impresionante, que causa horror en alguien.
comunicarse, entre dos personas, cuando se hacen saber la una a la otra cierta cosa.

Busqué en los bolsillos, tenía *fósforos*. Fui cortando la hierba más seca con el cortaplumas.

Esperé a que saliera el sol y *secara* un poco más la hierba cortada.

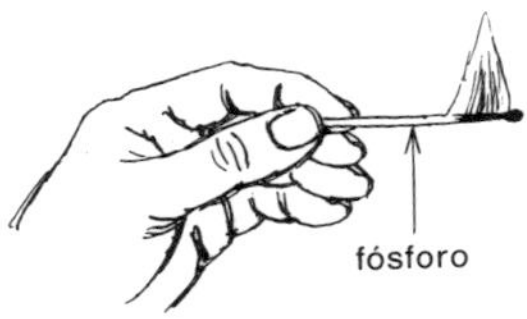

Quise encenderla sin papel; no pude. En los bolsillos guardaba unas cartas de Mary. Encendí una, luego otra, y a la cuarta, un hermoso fuego se levantó de la roca.

Pasó una hora y otra; llegó el *mediodía*. Nadie se acercaba. Cansado, me tendí al sol y quedé dormitando. Me despertó una voz y el ruido de una barca. En ella venía Agapito, el novio de Genoveva, y otros marineros. Al verme tendido *se asustaron*, creyéndome muerto.

Unos chicos contaron en Lúzaro que habían visto fuego en Frayburu.

Mary, mi novia, pidió a Agapito y a sus amigos que se acercaran a la roca, suponiendo que quizá fuera yo el que me encontraba en Frayburu.

No quise decir quién me había llevado allí, pero todo el mundo lo comprendió.

Al llegar al muelle vi a mi madre y a Mary, que me esperaban. Las dos me abrazaron llorando.

– Ahora, vosotras – les dije yo.

---

secar, dejar una cosa seca.
mediodía, las 12 del día.
asustar (se), causar miedo. Coger miedo.

Y mi madre abrazó a Mary contra su pecho y la besó varias veces.

Después supe que la misma mañana que estaba yo en Frayburu Machín había enviado una carta a Mary, *citándola* a la salida del pueblo, *firmada* con mi nombre. La Cashilda y mi novia *sospecharon* algo raro, y preguntando al chico que llevó la carta, descubrieron que era de Machín.

Al saber luego que yo había desaparecido comprendieron el *plan* de nuestro enemigo.

Al ver a Machín de nuevo, comprendí que se había declarado entre los dos una guerra a muerte. Él, con su dinero, podía hacerme mucho daño; yo tenía de mi parte a casi todos los pescadores y marineros de Lúzaro.

Mi madre estaba deseando que me casara cuanto antes.

Una semana después, la Cashilda me entregó un periódico de Bilbao que se había recibido para Mary. El periódico traía al principio una narración que se llamaba: «El duelo de Shanti Andía», y contaba mis amores con Dolorcitas en Cádiz y mi *desafío* con el marido, todo arreglado de tal manera, que yo aparecía como un *miserable* completo.

Ya hacía también un año que había muerto el padre de Mary, y tenía que entregar a Machín el sobre de mi tío

---

citar, decir a alguien que acuda a un determinado sitio para verse o reunirse con otra persona.
firmar, nombre de una persona, escrito por ella, al pie de una carta, ducomento, etc.
sospechar, dudar, cuando algo no nos produce confianza.
plan, intención de hacer cierta cosa. Cosas que se piensan hacer, y la manera cómo se piensa hacerlas.
desafío, duelo.
miserable, aquí persona que no es digna.

Juan. Mi tío me pidió que se lo diera en su mano, y pensé hacer las dos cosas al mismo tiempo: entregarle el sobre y desafiarle.

Yo no sé cómo se enteró de esto el médico viejo; el caso fue que dijo que tenía que acompañarme. Yo me opuse, pero al fin me convenció. Fuimos juntos a Izarte, en coche. Paramos en casa de Machín, y subimos los dos a su *despacho*.

Machín nos miró con aire sombrío, nos saludó y nos dijo:

– ¿Qué quieren ustedes?

– Este señor tiene que hablarle – contestó secamente el médico –. Yo le hablaré después.

Machín levantó la cabeza, asombrado del tono del médico, dispuesto, sin duda, a replicar con dureza, pero se calló.

– Yo vengo a hacer dos cosas – dije yo –. La una, entregarle a usted este sobre del padre de Mary.

– ¿A mí? – preguntó él con gran asombro.

– Sí, a usted – y saqué el sobre y lo dejé encima de la mesa.

Está bien, muchas gracias – murmuró él.

– La otra, que no emplee usted medios tan miserables como éste – y eché el periódico al suelo.

Las *mejillas* de Machín tomaron un tono rojo, pero no replicó.

– Yo también tengo que hablar con usted – dijo muy serio el médico.

– Muy bien. Si usted quiere, iré a su casa esta tarde.

---

mejilla, parte de la cara que tiene más carne.

despacho

– ¿A qué hora?

– A las cuatro, si le parece bien.

– Bueno.

– Bueno.

– Pues a esa hora allí estaré.

El médico y yo nos levantamos, dejamos a Machín en su despacho, y nos fuimos.

Después de esta escena en el despacho de Machín, pasó mucho tiempo sin que éste se ocupara de Mary ni de mí para nada. No se le veía jamás por Lúzaro.

Se iba acercando el día de nuestra boda.

Una noche, al entrar en casa, vi a Machín que me esperaba en la puerta. Me eché a temblar, lo confieso. ¿Qué querría aquel hombre?

– Tengo que hablar con usted – me dijo.

– Bueno, pase usted a casa – le indiqué.

Pensé que no desearía hacerme daño. Además yo era más fuerte que él.

Pasó Machín, subió las escaleras conmigo, entró en mi cuarto y se quedó mirando los libros de mi *armario* y los cuadros de las paredes con gran curiosidad.

– ¿Vienen de casa de su abuela estos cuadros? – preguntó.

– Sí.

armario con libros

Quedó mirándolos de nuevo. Yo le contemplaba con *impaciencia.*

– Usted dirá lo que quiere ... – le advertí.

– Sí. Voy a decírselo a usted en seguida. Me entregó usted un sobre del padre de Mary ...

– Cierto.

– Pues yo le tengo que entregar a usted otro para ella. Déselo usted el día de la boda.

– ¿No será una *venganza*?

– No, no; puede usted estar tranquilo. Dígale usted que es de parte de su familia. Será para usted y para ella una *sorpresa* agradable.

Tomé el sobre. Él siguió mirándolo todo con atención. Luego me dijo:

– ¿Está su madre de usted?

– Sí.

– Quisiera saludarla.

– Bueno; pase usted.

Entramos en el cuarto de mi madre, que al ver a Machín quedó sorprendida no sé por qué. Machín estuvo con ella muy amable. Hablaron los dos largo rato. Yo estaba intranquilo con aquella visita incomprensible.

– ¿Qué cambio es éste? – me preguntaba.

Al salir Machín me dijo:

– Quiero marcharme de Lúzaro. Probablemente ya no nos volveremos a ver. ¿Me guarda usted *rencor*?

---

impaciencia, estado del que no tiene paciencia.
venganza, acción de causar daño a otra persona como respuesta a otro daño recibido de ella.
sorpresa, impresión causada por una cosa que no se espera.
rencor, sentimiento de enemistad hacia una persona.

– No, nunca, a pesar de que creo que tengo motivos.

– Entonces, ¡adiós!

Me *tendió* la mano, yo alargue la mía y la *estrechó* con fuerza.

Al volver encontré a mi madre un poco intranquila.

– ¿Qué te pasa? – le dije.

– Nada, que al verle entrar he creído que venía mi hermano Juan.

– ¿Eh?

– Sí.

– ¿Tanto se parece?

– Es *idéntico*.

Días después, una mañana de otoño muy clara y muy hermosa, Machín, con su criado, se marchó en su barco. Pasaron días, semanas, han pasado años: no ha vuelto a saberse más de él.

El día de mi boda, al llegar a casa de mi madre, Mary abrió el sobre que me había dado Machín. Cayeron sobre la mesa gran cantidad de papeles. Eran acciones de minas, títulos . . ., una fortuna. Entre ellos había una carta que decía así:

«Mi querida Mary: La carta de tu padre que me trajo tu marido hace algún tiempo me *reveló* que tú y yo somos hermanos, hijos del mismo padre. Shanti, a quien tanto he odiado, es pariente mío, casi hermano.

---

tender, aquí: dar, alargar.
estrechar, aquí: tomar la mano de una persona entre las nuestras, y hacer una suave fuerza sobre ella.
idéntico, completamente igual.
revelar, decir o hacer saber cosas ocultas, secretas.

«Yo soy hijo de Juan de Aguirre y de una muchacha *sirvienta* de casa de nuestra abuela.

«Adiós querida hermana. Felicidades.

JUAN».

Al escribir esta carta se veía que Machín había *mojado* el papel con sus lágrimas.

Machín, nuestro enemigo, *se convertía* en nuestro *protector* y nuestro pariente.

---

sirvienta, mujer que sirve a otras personas.
mojar, cuando el agua u otro líquido entra en las cosas.
convertir(se), volverse; dejar de ser una cosa para ser otra.
protector, persona que ayuda a otra. Aquí: ayudar con dinero.

Preguntas

1. ¿Qué decía la carta que Genoveva escribió a Shanti?
2. ¿Qué hizo Shanti al recibir la carta?
3. Describa el regreso de Shanti a Lúzaro.
4. ¿Qué hizo Shanti antes de ir a visitar a Mary?
5. ¿Quién era Machín? ¿Cómo era?
6. ¿Cómo salió Shanti de casa de Mary?
7. Describa los paseos diarios de Shanti y de Mary en Lúzaro.
8. ¿Qué problemas tenía Genoveva?
9. Describa el rapto de Shanti por los hombres de Machín.
10. ¿Cómo pasó Shanti la noche en Frayburu?
11. Describa el salvamento de Shanti.
12. ¿Qué hizo Machín la mañana que Shanti estaba en Frayburu?
13. ¿Qué medios utilizaba Machín para enemistar a Shanti y a Mary?
14. ¿Por qué decidió Shanti ir a visitar a Machín?
15. Describa la visita de Shanti y del médico a Machín.
16. ¿Qué pasó en casa de Shanti cuando Machín le visitó?
17. ¿Por qué estaba intranquila la madre de Shanti después de la visita de Machín?
18. ¿Cuándo leyó Mary la carta de Machín?
19. ¿Qué le decía Machín a Mary en la carta?
20. ¿Qué hacía Machín cuando escribía la carta?

EPÍLOGO

Han pasado muchos años de vida normal y tranquila.

Juan Machín no ha aparecido. Quizá anda perdido por los mares. Como otros de mi familia, es él el Aguirre perdido por el mundo

¿Vive? ¿No vive? ¿Volverá? Confieso que al principio no hubiese querido que volviera; hoy, sí, me alegraría de verle y de estrechar su mano.

Yo siento un poco de *vergüenza* al decir que soy feliz, muy feliz. Es verdad que no lo he merecido, pero así es.

Cuando pienso en mi mujer, con sus cincuenta años y los cabellos grises, me parece más bella que nunca.

Mi madre vive con nosotros en nuestra casa de Izarte. Le gusta estar siempre en la *cocina* hablando con las muchachas, y con mis hijas, echando *leña* al fuego y murmurando contra mi mujer.

En el fondo se entienden las dos perfectamente; pero mi madre tiene que reñir un poco; dice que mi mujer siempre quiere mandar y hacer su voluntad.

Todos mis hijos han sido *mecidos* en los brazos de su abuela, y dentro de poco podrá mi madre mecer a *mi nieto*.

Yo cada día me siento más feliz. Muchas mañanas, con el buen tiempo, me levanto muy temprano y sigo el

---

vergüenza, sentimiento penoso de pérdida de dignidad.
en el fondo, a pesar de lo que parece.
mecer, mover al niño de un lado para otro en los brazos.
nieto, hijo de un hijo o hija.
cocina, *leña*, ver ilustración en páginas 84 y 85.

camino abandonado, contemplando el color de los campos. Los *pájaros* cantan en los árboles, el sol se extiende brillante por la tierra.

Al volver me detengo a contemplar mi casa. En el balcón brillan las flores rojas. Subo la escalera y me asomo

al balcón. Enfrente veo las casas de Izarte que parecen de juguete y a lo lejos los montes.

Mi mujer sabe que algunas veces necesito *vagabundear* un poco, y me deja. Antes me solía acompañar en mis

---

vagabundear, pasear sin dirección fija.

paseos; hoy mi mujer tiene mucho trabajo en casa para pasear por el campo.

Cuando cambia el tiempo siento la paz profunda del mar. Entonces voy a pasearme por la playa de las Ánimas, y contemplo el mar, como si fuera por primera vez en mi vida.

En la primavera me produce una gran alegría; en el otoño, una gran tristeza; pero una tristeza tan rara, que me parece que sería muy *desgraciado* si no la sintiera alguna vez.

Allá está el pueblo tranquilo donde vivo, allá están los míos. Voy acercándome a mi casa; la familia, en estos días de invierno reunida en la cocina, delante del fuego del *hogar*, me espera.

Allí cuento yo mis aventuras; pero las he contado tantas veces que mi mujer dice siempre que las repito demasiado.

A veces me pregunto si alguno de mis hijos querrá ser marino o aventurero.

Pero no, no quieren serlo, y yo me alegro . . ., y, sin embargo . . .

Ya en Lúzaro nadie quiere ser marino; los muchachos de familias ricas se hacen *ingenieros* o médicos. Los vascos se retiran del mar.

Sí, yo me alegro de que mis hijos no quieran ser marinos . . ., y, sin embargo . . .

---

desgraciado, infeliz.
hogar, ver ilustración en página 85.
ingeniero, persona con título académico que construye máquinas, hace puentes, etc.

Preguntas

1. ¿Por qué se alegraría Shanti de volver a ver a Machín?
2. ¿De qué siente vergüenza Shanti?
3. ¿Con quién vive ahora la madre de Shanti?
4. ¿Cómo son las relaciones entre la madre de Shanti y la nuera?
5. ¿Qué hace Shanti en Lúzaro para pasar el tiempo?
6. ¿Qué significa el mar para Shanti?
7. ¿Qué aventuras cuenta Shanti delante del fuego del hogar?
8. ¿Quién le recuerda a Shanti que repite demasiado la narración de sus aventuras?
9. ¿Por qué nadie en Lúzaro quiere ser marino?
10. ¿Se alegra Shanti, verdaderamente, de que sus hijos no quieran ser marinos?